PELAS ONDAS DA VOZ

TÉCNICAS E DESAFIOS DA LOCUÇÃO

Dados Internacionais de Catalogação na Publicação (CIP)
(Simone M. P. Vieira - CRB 8ª/4771)

Alves, Fernando
Pelas ondas da voz: técnicas e desafios da locução /
Fernando Alves. – São Paulo : Editora Senac São Paulo,
2024.

Bibliografia.
ISBN 978-85-396-4567-1 (Impresso/2024)
e-ISBN 978-85-396-4566-4 (ePub/2024)
e-ISBN 978-85-396-4565-7 (PDF/2024)

1. Comunicação 2. Rádio e TV 3. Locução I. Título

24-2153r   CDD – 791.4
                                 BISAC PER008000
                                       PER010000

Índice para catálogo sistemático:
1. Cinema, rádio e televisão   791.4

Pelas ondas da voz

Técnicas e desafios da locução

Fernando Alves

Editora Senac São Paulo
São Paulo – 2024

ADMINISTRAÇÃO REGIONAL DO SENAC NO ESTADO DE SÃO PAULO
Presidente do Conselho Regional: Abram Szajman
Diretor do Departamento Regional: Luiz Francisco de A. Salgado
Superintendente Universitário e de Desenvolvimento: Luiz Carlos Dourado

EDITORA SENAC SÃO PAULO
Conselho Editorial:
Luiz Francisco de A. Salgado
Luiz Carlos Dourado
Darcio Sayad Maia
Lucila Mara Sbrana Sciotti
Luís Américo Tousi Botelho

Gerente/Publisher: Luís Américo Tousi Botelho
Coordenação Editorial: Verônica Pirani de Oliveira
Prospecção: Andreza Fernandes dos Passos de Paula, Dolores Crisci Manzano, Paloma Marques Santos
Administrativo: Marina P. Alves
Comercial: Aldair Novais Pereira
Comunicação e Eventos: Tania Mayumi Doyama Natal

Edição e Preparação de Texto: Lucia Sakurai
Coordenação de Revisão de Texto: Marcelo Nardeli
Revisão de Texto: Vivian Coelho
Projeto Gráfico, Capa e Editoração Eletrônica: Antonio Carlos De Angelis
Impressão e Acabamento: Melting Color

Proibida a reprodução sem autorização expressa.
Todos os direitos desta edição reservados à
Editora Senac São Paulo
Avenida Engenheiro Eusébio Stevaux, 823 – Jurubatuba
CEP 04696-000 – São Paulo – SP
Tel.: 11 2187-4450
E-mail: editora@sp.senac.br
Home page: https://www.editorasenacsp.com.br

© Editora Senac São Paulo, 2024

SUMÁRIO

Nota do editor | 7
Agradecimentos | 9
Apresentação | 11

Capítulo 1: As primeiras vozes | 15

16 O início | 16 A era de ouro: rádio, um fenômeno cultural | 18 A televisão: a voz continua fazendo a diferença | 18 O novo rádio | 19 As rádios segmentadas e os locutores populares | 24 Bordões famosos | 25 A transformações na AM | 27 O fim de uma era | 28 As rádios em frequência modulada (FM) | 28 Crescimento da audiência jovem | 29 Formato de emissoras especializadas | 32 O rádio via satélite e os desafios para locutores e locutoras

Capítulo 2: Locutor × comunicador | 35

35 Quem é o locutor? | 36 Quem é o comunicador? | 36 Quais são as habilidades de cada um deles? | 38 Medo de falar em público: como vencer?

Capítulo 3: Técnicas de locução | 47

48 A voz | 49 Recursos vocais | 51 Fenômenos da fala | 52 Cuidados com a voz | 54 Relação da voz com os hábitos da vida diária

Capítulo 4: Locução para rádio | 59

60 O rádio hoje | 61 O rádio jovem | 63 A locução da rádio jovem | 65 Simulação de linguagem na rádio jovem | 70 Segmento adulto contemporâneo | 74 Simulação de linguagem na rádio AC | 83 Rádios do segmento popular | 86 Simulação de locução na rádio popular | 93 Programas interativos

Capítulo 5: A locução publicitária | 99

99 Gêneros de locução publicitária | 102 O locutor na publicidade | 105 A voz feminina na publicidade | 108 O mercado hoje

Capítulo 6: Narração esportiva | 113

113 Início das transmissões esportivas | 114 A voz da emoção | 118 Narração na televisão | 120 Desenvolvimento na narração | 120 Comentaristas esportivos | 121 Um marco | 123 Características fundamentais aos narradores

Capítulo 7: Locução para televisão | 131

131 Início da televisão no Brasil | 134 A locução para televisão | 135 Evolução dos estilos de locução | 137 Canais a cabo | 138 A TV digital

Capítulo 8: Locução para outras mídias | 143

144 Podcast | 145 Videocast | 148 Entrevista | 151 Narração de games | 153 Narração de documentários | 157 Interpretação | 160 Time code | 163 Mídia indoor | 164 Narração para audiolivros | 166 Locução para vídeos VSL

Capítulo 9: Desafios e oportunidades para a carreira | 169

169 Mudanças na forma de trabalho | 172 A inteligência artificial e a locução | 175 Divulgando seu trabalho | | 177 Como montar um portfólio | 180 Ética profissional | 182 O registro profissional

Capítulo 10: Recursos e ferramentas úteis para locutores | 185

185 Softwares de trilha para edição de áudio | 188 Operação de áudio | 189 Softwares de automação | 191 Home studio | 195 Comunidades para locutores

Considerações finais | 199
Epílogo: uma noite inspiradora | 201
Referências | 205

NOTA DO EDITOR

A comunicação pela voz tem um papel crucial em nossa sociedade, influenciando a forma como nos conectamos, nos expressamos e transmitimos as informações. Dominar essa habilidade pode abrir portas em diversas áreas profissionais e pessoais. A voz é uma ferramenta poderosa – e uma boa locução não apenas comunica, mas também transmite sentimentos e emoções, cujas nuances são percebidas no timbre, na entonação e no ritmo da fala.

Baseado nos pilares da "prática, paciência e persistência", Fernando Alves mostra que, assim como qualquer outra habilidade, o desenvolvimento da locução requer treinamento regular por meio de diversas técnicas, que incluem simulação com leitura em voz alta (inclusive, fazendo a gravação para depois ouvir e identificar pontos que podem melhorar), exercícios de aquecimento vocal, técnicas de respiração e muito mais.

O livro apresenta ainda os diversos segmentos em que o profissional da voz pode atuar, como o rádio, a televisão, a publicidade, a narração esportiva, até nichos mais atuais, como podcasts, audiolivros e narração de games. Além disso, há a contribuição de grandes nomes de diversos segmentos da locução, que dão dicas valiosas sobre a profissão.

Para ajudar seus estudos, o autor disponibilizou um canal no YouTube com conteúdo complementar, que você pode acessar pelo link http://mnhe.2.vu/1 ou pelo QR code ao lado.

Pelas ondas da voz: técnicas e desafios da locução é uma publicação do Senac São Paulo que visa atender ao público com informações em linguagem acessível e se destina tanto a estudantes e profissionais da área como a interessados em geral.

AGRADECIMENTOS

Em mais de 30 anos, foram muitos os nomes que me ensinaram um pouco da arte da locução. Alguns, ainda na minha época de ouvinte; outros, já na minha jornada profissional. Deixo aqui meu agradecimento a parte deles, pois citar todos seria impossível.

Aos saudosos Guina Gurã, Marcos Mariano, Marcelo Luiz, Mauricio Rocha, Natan Pinheiro, Evaristo Quirino; aos parceiros e amigos Paulo Ramos, Sergio Luiz, Pérsio Jr., Cido Tavares, Tato Brandão, Fernando Moreno, Luciana de Mello, Simone Rigotti, Doni Litieri, Jay Bee, Toni Lamers, Edú Mello, Fernando Martinelli, Robertinho Vilella, Rene Bacayoca, Alan Moreira, Joe Souza, Lucena Jr., Diego Luiz, Almir Roberto, Alan Moreira, Edson Ragassi, Rubens Pimpim, Kaká Siqueira, Kiko Bernardoni, Gabriel Bernadi, Luiz Torquato, Marcos Aguena, Leandro Resende, Marcelo Pera, Roberto Hais, Reinaldo Oliani, Rick Ferreira, Yuri Marcel, Delphis da Fonseca, Super Tony, Sergio Moreno, Nilton Junior, Liza Lima, Vivi Gressoni, Ivone Esther, Sergio Bocca, Almir Roberto, Murilo Jr.; aos diretores e coordenadores Horácio Bicudo, Marcel Alex, Enio Roberto, Hélcio Mazucco, Ciro Aguiar, Pedro Vilela, Antonio Guerreiro e Beto Rivera.

A docência faz parte da minha trajetória, e poder compartilhar minha experiência nas salas de aula do Senac São Paulo é muito significativo. Agradeço a todos que fazem parte deste caminho: Marly Batista, Néia Machado Marques, Cristiane Gonçales, Roseli Lopes, Andrea Cury, Mauricio Ceccato e Moacyr Vezzani, por ter acreditado na importância deste projeto.

APRESENTAÇÃO

Cada palavra pronunciada tem vários significados, nuances e sutilezas que transcendem o simples ato de falar. A voz é a ponte entre o emissor e o receptor, uma arte que dá sentido a narrativas, provoca emoções e, acima de tudo, informa e conecta pessoas.

Depois de mais de três décadas lançando minha voz nas ondas hertzianas, mergulhando nas frequências do rádio, na televisão e na internet, é com grande entusiasmo que compartilho minha jornada e expertise neste guia dedicado à locução contemporânea.

Este livro não é apenas um manual, mas um convite para explorar os ricos caminhos da comunicação por meio da voz. Como locutor profissional há trinta anos, professor do Senac São Paulo há mais de quinze e diretor de várias produtoras de áudio, vejo cada página como um compromisso com a excelência, um mergulho profundo nas técnicas, nos desafios e nas oportunidades que delineiam a trajetória do locutor profissional.

"Prática, paciência e persistência" – não é um bordão, e sim um conselho que dou aos meus alunos aspirantes à locução que passam pelas salas do Senac. Praticar sempre, em busca da excelência; ter paciência para ver os resultados acontecerem; e ter persistência para encontrar as oportunidades.

Ao longo dos anos, testemunhei as mudanças do cenário da locução. Das ondas analógicas à era digital; da rádio tradicional às incontáveis possibilidades da internet. A necessidade de adaptação e de reciclagem torna-se mais importante do que nunca. Esta obra surge da urgência de compartilhar não apenas o conhecimento acumulado, mas uma visão abrangente de como a locução pode ser uma arte em constante evolução, que transcende as fronteiras das mídias.

Este livro pretende ser um guia abrangente de locução para "todas as mídias", não apenas na parte técnica, mas fazer uma imersão nas nuances que transformam palavras em experiências. Cada capítulo é uma jornada prática, repleta de dicas testadas pelo tempo e exercícios envolventes que desafiam e aprimoram as habilidades do locutor moderno.

Aqui iniciamos nossa jornada pelas ondas do rádio, na TV e na internet. Espero que você possa explorar todos esses universos com uma voz que não apenas fala, mas cativa e encanta.

Pronto para se tornar um arquiteto da emoção, um maestro da comunicação sonora? Junte-se a nós nessa odisseia pelas ondas do saber, em que cada palavra é uma nota e cada capítulo é uma sinfonia de aprendizado.

A voz é sua ferramenta. Este livro, seu guia.

CAPÍTULO 1
AS PRIMEIRAS VOZES

Antes de abordarmos a prática, vamos voltar ao início da locução no Brasil, que começou na rádio, história que remonta ao início do século XX, marcando momentos cruciais na comunicação sonora do país. Vamos percorrer essa trajetória desde o surgimento das primeiras vozes até os locutores icônicos que moldaram a paisagem radiofônica brasileira. Não pretendemos recontar a história da rádio brasileira nem de todos os seus personagens icônicos, apenas iniciar esse panorama que nos trouxe até a locução em várias das nossas mídias atuais.

Este capítulo nos convida a voltar no tempo, com as primeiras vozes do rádio, onde tudo começou. Vamos celebrar algumas dessas figuras que deram vida a essas ondas sonoras, tornando-se os pioneiros e precursores da locução que ouvimos hoje na rádio, na TV e na internet.

O início

No início do século XX, as ondas hertzianas atravessaram oceanos e chegaram ao Brasil, e o país testemunhou a primeira transmissão radiofônica em 7 de setembro de 1922. No ano seguinte foi inaugurada a Rádio Sociedade do Rio de Janeiro, por Roquete Pinto. Esse marco não apenas introduziu a rádio no Brasil, mas também estabeleceu as bases para a arte da locução, de forma ainda amadora, mas, em pouco tempo, este se tornou o veículo de comunicação mais importante não só no nosso país, mas em todo o mundo.

Surgiram os locutores pioneiros, trazendo suas vozes potentes e experimentações para o novo meio. O carisma e a clareza vocal eram cruciais em uma época em que a transmissão dependia fortemente da habilidade do locutor em criar imagens mentais nos ouvintes e o áudio não era tão claro e limpo com o de hoje. Foi nessa época que entraram as vozes fortes e marcantes – sobre as quais falaremos mais adiante – e se estabeleceu um formato para as locuções. Devido às deficiências de transmissão e recepção da época, as vozes fortes e graves, com ênfase em algumas palavras, eram as preferidas para essa atividade.

A era de ouro: rádio, um fenômeno cultural

Entre as décadas de 1930 e 1950, a rádio experimentou sua era de ouro no Brasil. Locutores lendários como César Ladeira, Oduvaldo Cozzi, Ademar Casé – um dos primeiros a comercializar espaços publicitários na rádio brasileira, veiculou, em seu *Programa do Casé*, o primeiro jingle transmitido, o famoso jingle *Pão Bragança* –, Heron Domingues – do *Repórter Esso* – e Ary Barroso tornaram-se figuras queridas, além de celebridades de época.

Eles não apenas transmitiam informações, mas também eram ícones culturais, em uma época em que as pessoas se reuniam ao redor do rádio para ouvir os programas, as radionovelas, ou ainda, as informações do *Repórter Esso*, moldando o gosto musical, encantando e mexendo com a imaginação do público e, mais à frente, cobrindo eventos esportivos.

Os programas traziam uma variedade de temas, como radionovelas e programas de auditório – muito populares, lotavam os auditórios das emissoras de rádio de pessoas que iam assistir às atrações musicais, fosse com nomes famosos ou com calouros que posteriormente se tornaram grandes intérpretes.

Havia programas que contavam histórias de terror estreladas por grandes heróis, como Jerônimo, "o herói do sertão", da radionovela de mesmo título, e o misterioso "o sombra". Foi no rádio que começou a paixão dos brasileiros por novelas. *O direito de nascer* e *Em busca da felicidade* foram duas das mais memoráveis da história do rádio.

Dessa época, resgatamos um trecho do icônico jingle *Cantoras do rádio*:

Nós somos as cantoras do rádio
Levamos a vida a cantar
De noite embalamos teu sono
De manhã nós vamos te acordar
Nós somos as cantoras do rádio
Nossas canções cruzando o espaço azul
Vão reunindo num grande abraço
Corações de Norte a Sul (Carmen e Aurora Miranda, Cantoras do rádio, 1936)

Gravada pelas irmãs Carmen e Aurora Miranda em 1936, a canção *Cantoras do rádio* foi composta por Lamartine Babo, Braguinha e Alberto Ribeiro e é um dos principais ícones do período em que o rádio começou a se popularizar no país e a tomar conta dos lares e da imaginação do povo brasileiro.

Outro exemplo é o eterno *Repórter Esso* que teve entre seus principais apresentadores o locutor jornalista Heron Domingues. Esse noticiário, além da vinheta marcante, também se faz lembrar pela abertura dita por seu apresentador: "Amigo ouvinte, aqui fala o repórter Esso, testemunha ocular da história."

São muitas vozes, programas e bordões que deram vida ao rádio como principal veículo de comunicação no mundo, levando informação, música, diversão e mexendo com a imaginação de milhões de ouvintes.

A televisão: a voz continua fazendo a diferença

Com o advento da televisão nas décadas de 1950 e 1960, alguns locutores de rádio fizeram uma transição bem-sucedida para o novo meio. A voz continuava a ser uma ferramenta essencial na comunicação, agora combinada com a imagem. Muitos diziam que o rádio iria acabar, mas isso não aconteceu: ele se reinventou. Por meio dos grandes comunicadores, o rádio tornou-se ainda mais forte, sendo companheiro, falando ao pé do ouvido, aproximando as pessoas e, com o surgimento do transistor, que possibilitou a criação do aparelho portátil, passou a acompanhar seu ouvinte aonde quer que ele fosse: dos estádios às portarias de prédios, o rádio estava sempre presente, informando, divertindo e entretendo, prestando serviços, tocando as músicas preferidas, emocionando a torcida com o grito de gol de artistas da narração e, acima de tudo, sendo um companheiro para todas as horas.

O novo rádio

Vamos revisitar um período transformador na trajetória do rádio e suas vozes. Logo após a chegada da televisão, o rádio enfrentou um desafio crucial: transformar-se para continuar sendo um veículo importante. Nesse contexto de mudança e desafio, o talento dos grandes comunicadores surgiu como uma força fundamental. Esses profissionais não apenas mantiveram a audiência que o rádio já tinha, mas também trouxeram novos ouvintes para o dial. A necessidade de se manter grande frente à televisão impulsionou o rádio a buscar novos caminhos, com programas mais próximos dos ouvintes e com diversidade de conteúdo. Esse período de reinvenção foi essencial para fortalecer o rádio e prepará-lo para um futuro de crescimento contínuo, destacando sua capacidade de adaptação e resiliência diante das mudanças tecnológicas e culturais, características que podemos presenciar ainda nos dias de hoje.

As rádios segmentadas e os locutores populares

A partir dos anos 1960, a diversificação das estações de rádio trouxe a especialização de locutores em diferentes gêneros. Locutores esportivos, de notícias, musicais e comunicadores, que tinham a habilidade de falar com o ouvinte como se estivesse ao lado dele, fazendo com que o veículo rádio fosse indispensável para seus ouvintes, tanto pela companhia que faziam quanto pela informação dinâmica. A prestação de serviço foi uma marca muito forte do veículo em uma época em que internet e redes sociais ainda estavam muito longe de fazer parte de nossas vidas; além do esporte, do qual falaremos mais adiante, que contribuiu para a riqueza da programação radiofônica.

Nessa época, surgiram grandes nomes da rádio AM que ajudaram a popularizar ainda mais o rádio e refutar a ideia de que ele ia acabar. Destacamos alguns deles:

🎙 **Antonio Celso:** dono de uma voz poderosa e envolvente, foi um dos principais locutores de uma das emissoras mais populares dos anos 1970, a Rádio Excelsior de São Paulo, conhecida como "A máquina do som", em que apresentava os grandes sucessos musicais da época.

- 🎙 **Blota Jr.:** com uma carreira diversificada, que incluía programas de variedades, foi uma personalidade carismática e muito querida pelos ouvintes.
- 🎙 **Haroldo de Andrade:** com uma voz marcante, foi um locutor de grande sucesso, conhecido por sua atuação na Rádio Record.
- 🎙 **Vicente Leporace:** foi um destacado locutor e apresentador da rádio brasileira, conhecido por sua voz marcante e estilo elegante. Atuou principalmente nas décadas de 1950 e 1960. Sua carreira incluiu passagens por emissoras de rádio renomadas, como a Rádio Nacional e a Rádio Bandeirantes, em que conduziu o lendário programa *Trabuco*.
- 🎙 **Narciso Vernizzi:** ficou famoso como o "homem do tempo" a partir de 1963. Foi o primeiro radialista a emitir boletins meteorológicos diários na rádio brasileira. O título foi atribuído a ele pelo apresentador Ney Gonçalves Dias.
- 🎙 **José Paulo de Andrade:** com uma carreira longeva, foi uma figura importante na rádio brasileira. Começou sua trajetória nos anos 1960 e continuou a ser presença marcante nas décadas seguintes, batendo recorde de permanência no ar em um único programa, *O pulo do gato*, o qual apresentou por 36 anos.
- 🎙 **José Gil Avilé:** conhecido como "Beija-flor", foi o primeiro repórter policial da Rádio Bandeirantes, onde trabalhou por 15 anos e então transferiu-se para a Rádio Tupi em 1978, participando de toda a programação com os informes das ocorrências policiais na capital paulista.
- 🎙 **Eli Corrêa:** iniciou sua carreira no rádio nos anos 1960 e ganhou destaque como apresentador e radialista. Sua popularidade cresceu ao longo dos anos, especialmente nas décadas de 1970 e 1980, tornando-se conhecido por seu estilo descontraído, suas mensagens positivas e, principalmente, pelo seu bordão, inconfundível até hoje:

"Oiiiiiii geeente". O quadro mais famoso do rádio, *Que saudade de você*, era copiado em emissoras por todo o Brasil, contando histórias dramáticas que os ouvintes enviavam por cartas aos programas.

- **Gil Gomes:** conhecido por suas reportagens policiais, também começou a se destacar nos anos 1960. Sua voz marcante e seu estilo peculiar o tornaram uma figura reconhecida na rádio e na televisão. No rádio, o seu bordão "Gil Gomes lhes diz... bom dia" tornou-se inesquecível; na televisão, a frase "Gil Gomes, aqui, agora" marcou os telespectadores brasileiros.

- **Barros de Alencar:** o cantor e radialista começou sua carreira nos anos 1960. Além da atuação como cantor, ele se destacou como apresentador de programas de rádio com seu estilo descontraído e divertido, que levou também para televisão. Seu bordão "Atenção menininhas, segurem-se nas cadeiras" era uma marca registrada, assim como as piadas que contava diariamente em seu programa.

- **Hélio Ribeiro:** foi um dos mais famosos locutores da rádio brasileira, conhecido por sua voz marcante e atuação em diversos programas. Ganhou destaque nas décadas de 1960 e 1970, sendo reconhecido como um dos principais comunicadores da época. Foi ele quem trouxe para a rádio brasileira a tradução de músicas, que fez muito sucesso na FM nos anos 1980 e 1990. Suas frases e pensamentos são reverenciados por muitos até hoje; existe até o memorial Hélio Ribeiro em sua homenagem, na internet.

- **Humberto Marçal:** foi um radialista brasileiro que ficou conhecido por sua atuação principalmente nas décadas de 1960 e 1970. Teve uma carreira dedicada à comunicação, participando de programas de rádio e televisão e na locução publicitária.

- **Moraes Sarmento:** destacou-se principalmente como apresentador e comentarista esportivo. Teve uma carreira longeva, contribuindo para o cenário esportivo do Brasil ao longo de várias décadas.

- **Silvio Santos:** o icônico empresário e apresentador começou sua carreira no rádio, na década de 1950. No entanto, continuou a ser presença influente nas décadas de 1960 e 1970, expandindo seu império midiático para a televisão e outros setores.

- 🎤 **Paulo Lopes:** com uma trajetória profissional que se estende por 55 anos, iniciou sua carreira em Juiz de Fora (MG). Posteriormente, transferiu-se para o Rio de Janeiro (RJ), onde desempenhou funções nas renomadas Super Rádio Tupi e Rádio Bandeirantes. Em São Paulo (SP), foi responsável por conduzir programas em emissoras como a Rádio Globo e a Rádio Capital. Além disso, registrou uma breve participação na Massa FM, em Londrina (PR).

- 🎤 **Paulo Barbosa:** começou sua trajetória no rádio na década de 1940. Sua voz marcante e seu estilo carismático o destacaram como um dos grandes comunicadores da rádio brasileira. Ganhou notoriedade principalmente como apresentador de programas musicais e de variedades, conquistando o público com seu talento, simpatia e o carinho com o qual tratava as "vovós". Além de sua atuação no rádio, teve participações em programas de televisão, ampliando sua presença nos meios de comunicação.

- 🎤 **Paulinho Boa Pessoa:** um dos grandes comunicadores da rádio AM ainda em atividade, dono de uma comunicação descontraída e bem-humorada, tem como bordão a frase "Pode me chamar de amigo" e conta histórias inspiradoras e dramáticas em seu quadro que faz sucesso há muitos anos no rádio, *A verdade de cada um*.

- 🎤 **Zé Béttio:** foi um popular radialista brasileiro, que começou sua carreira na década de 1950, mas ganhou destaque nas décadas seguintes, especialmente nos anos 1960 e 1970. Com música sertaneja, seu programa iniciava ainda de madrugada e contava com efeitos sonoros, como o galo e o relógio cuco.

Com o passar dos anos, as mulheres conquistaram seu espaço no rádio, mas mesmo antes disso, sempre estiveram presentes, em várias épocas e em diversos estilos de rádio. Entre elas, podemos destacar:

- 🎤 **Inezita Barroso:** foi uma figura notável da cultura brasileira, reconhecida por suas contribuições como cantora, atriz, apresentadora de televisão e pesquisadora da música folclórica brasileira, fazendo muito sucesso na televisão e no rádio com seu estilo único e sempre resgatando as raízes da autêntica música sertaneja.
- 🎤 **Lilian Loy:** uma das vozes mais bonitas do rádio de todos os tempos, atuou em emissoras como América e Record. Na Rádio América, comandava o inesquecível *Clube do rei*, programa que trazia exclusivamente músicas de Roberto Carlos.
- 🎤 **Regiane Riter:** atriz, jornalista e apresentadora, foi a primeira mulher a se tornar repórter e comentarista esportiva, atuando pela Rádio Gazeta AM São Paulo, uma das mais importantes emissoras no segmento esportivo da rádio brasileira.
- 🎤 **Sonia Abrão:** é uma das mais populares apresentadoras da TV brasileira, mas fez muito sucesso também no rádio. Atuou em emissoras como Tupi, Globo, América, Capital e Record. Foi líder de audiência com seu programa *Sônia e você*, e a única mulher a conseguir a maior audiência em seu programa, quando esteve por quatro anos consecutivos na Rádio Capital, de São Paulo (SP).

Muitos desses apresentadores surgiram depois do importante período que iniciou com o surgimento da TV e a reinvenção do rádio, mas fazem parte do legado porque a sua trajetória mostra que existe algo no rádio que nunca será superado: o fato de ter sempre alguém falando com você do outro lado, a magia de ouvir uma voz que parece estar conversando somente com você e está acessível em todo lugar. Agora, com o recurso da internet, essa voz pode te acompanhar em qualquer parte do mundo.

Seria impossível relacionar aqui cada profissional que fez parte desse momento, mas o ouvinte que viveu essa época sabe quem era a voz que o acompanhava cada vez que se colocava o botãozinho mágico do rádio na posição on, permitindo que esses personagens importantes fizessem parte da sua vida.

Bordões famosos

Apresentadores e locutores da rádio brasileira sempre foram muito criativos na busca de conquistar ouvintes, criando frases e bordões que se tornaram inesquecíveis na história do rádio e aos corações dos ouvintes. É impossível relembrar todos os incríveis bordões criados pelos grandes talentos do rádio, mas para inspirar sua criatividade, veja algumas dessas frases:

"NÃO PERCA A SUA CONDUÇÃO!"
CORIFEU DE AZEVEDO MARQUES

"UM BEIJO, UM ABRAÇO, UM CHEIRO, UM AMASSO!"
SANDRA GROTH

"EU FICO LOUCO!"
JOÃO CARLOS MARCIEL

"OI, GENTE!"
ELI CORREIA

"GIL GOMES LHES DIZ... BOM DIA!"
GIL GOMES

"BOM DIA, BOM DIA, BOM DIA, HOJE EU ESTOU TÃO FELIZ!"
BARROS DE ALENCAR

"A JOVEM PAN PARIS VOLTA A CHAMAR A SUA SEDE, EM SÃO PAULO, BRASIL."
REALLI JUNIOR

"BOM DIA MENINO, BOM DIA MENINA!"
RONI MAGRINI

"O INVASOR DESTE PLANETA CHAMADO AMOR."
SERGIO BOCCA

"JOGA ÁGUA NELE!"
ZÉ BÉTIO

"ME FAZ UM CARINHO."
GILBERTO BARROS

"PODE ME CHAMAR DE AMIGO."
PAULINHO BOA PESSOA

"RIPA NA CHULIPA, PIMBA NA GORDUCHINHA!"
OSMAR SANTOS

"O SAMBA PEDE PASSAGEM."
MOISÉS DA ROCHA

"ALÔ, ALÔ, SALVE!"
BETO RIVERA

"AQUI, REPÓRTER ESSO, TESTEMUNHA OCULAR DA HISTÓRIA."
HERON DOMINGUES

"O MAIOR AMOR DE SÃO PAULO."
PAULO BARBOSA

"GOOOOOL... E QUE GOLAÇO!"
JOSÉ SILVÉRIO

"BEIJA-FLOR, ALÔ, GENTE, POLÍCIA CHAMANDO!"
BEIJA-FLOR

"O FUTEBOL É A COISA MAIS IMPORTANTE DENTRE AS MENOS IMPORTANTES."
MILTON NEVES

"EU AUMENTO, MAS NÃO INVENTO!"
NELSON RUBENS

"REPITA!"
JORNAL DA MANHÃ JOVEM PAN: UM DOS MAIS FAMOSOS BORDÕES DA RÁDIO BRASILEIRA, DITO DEPOIS DA HORA CERTA POR LOCUTORES COMO ROBERTO MILLER, FRANCO NETO, CIRO CESAR SILVÉRIO, OLIVEIRA FILHO, CAPOTA, ANTONIO DEL FIOL, ANTONIO FREITAS, ENTRE OUTROS, **"REPITA!"** FOI CRIADO PARA O JORNAL DA MANHÃ PARA CONFIRMAR A HORA CERTA.

"ABREM-SE AS CORTINAS, COMEÇA O ESPETÁCULO!"
FIORI GIGLIOTI

"FICA COMIGO, EU QUERO TE FAZER FELIZ."
SAMUEL GONÇALVES

As transformações na AM

A frequência de amplitude modulada dominou o cenário radiofônico no Brasil até o final dos anos 1970, quando a FM começou a conquistar parte de dessa audiência. Por muitos anos, as duas frequências conviveram com programações bem distintas e um público específico. No início dos anos 2000, com o envelhecimento de parte da população que ouvia assiduamente a rádio AM, algumas estratégias foram sendo criadas para atrair novos ouvintes.

DICA DE MESTRE

Sergio Luiz, apresentador de rádio há mais de 30 anos, no início dos anos 2000, atuou pela Emoção FM, emissora do grupo Record, e passou a atuar como apresentador da Rádio Record AM 1000 KHZ aos finais de semana. Segundo conta, os apresentadores mais tradicionais da emissora não atuavam ao vivo aos finais de semana e ele entrava cobrindo essa ausência nos programas da emissora. Trabalhando com um estilo mais jovial e de forma dinâmica, conta que teve dificuldade em impor o novo estilo na rádio AM, pois havia uma cultura dos ouvintes e dos grandes comunicadores nesse estilo mais tradicional, uma fórmula que deu certo por muitas décadas, mas que, pela renovação do público ouvinte de rádio, já começava a perder espaço. Sergio relata que outras emissoras, como a Rádio Capital, também tentavam essa renovação mesclando o estilo mais dinâmico e jovial da apresentação com a tradição e os nomes dos grandes apresentadores, destacando, nesse processo, o comunicador Adriano Barbiero, filho de Altieres Barbiero, grande nome da AM.

Nos dias do hoje, principalmente com o fim das atividades de emissoras importantes da rádio AM e a mudança de hábito da maioria dos ouvintes, que passou a se identificar com a melhor qualidade de som do FM, ao menos na capital paulista e em outras grandes cidades, não há mais como distinguir nas emissoras populares o estilo mais clássico do AM com a comunicação mais dinâmica do FM. Sergio Luiz consegue unir essas duas características comandando seu horário na Rádio Gazeta FM de São Paulo, das seis às dez da manhã.

* Relato obtido em entrevista informal com Sergio Luiz nos estúdios da rádio Gazeta FM, São Paulo, em 7 dez. 2023.

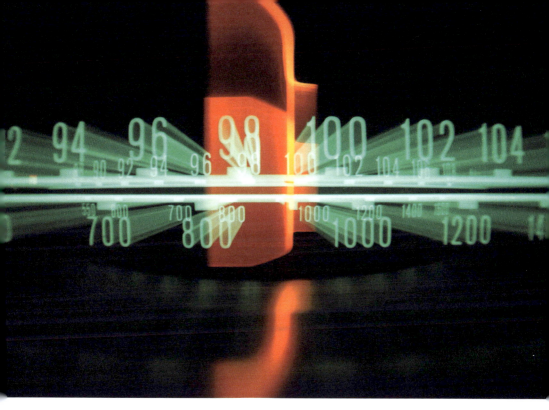

O fim de uma era

Em 2013, iniciou-se o processo de migração das emissoras de rádio AM para FM, um longo processo que trouxe mudanças não só na forma de transmissão das emissoras, mas também na concepção das programações de rádio.

Com o fim de emissoras tradicionais como a Rádio Gazeta AM, que encerrou suas transmissões em 2019, e da Rádio Globo, em 2020, a rádio AM iniciou um ciclo sem volta, em que muitas emissoras deixaram de existir e outras iniciaram o processo de migração para FM estendida. Em busca de novos caminhos de audiência para suas programações, algumas emissoras continuam a transmitir na AM, mas no streaming, ou até mesmo simultaneamente, na FM.

Segundo informações do Ministério das Comunicações, até dezembro de 2023, 1.133 rádios já haviam feito essa mudança de AM para FM, processo que teve início em 2013, com a publicação do decreto presidencial nº 8.139 (Brasil, 2013).

As rádios em frequência modulada (FM)

A tecnologia de transmissão em frequência modulada foi inventada em 1933 pelo engenheiro americano Edwin Armstrong. A radiodifusão em FM tem como característica a alta fidelidade na transmissão e recepção de rádio. Até o final dos anos 1970 ouvíamos rádio AM, ou seja, cuja transmissão era realizada pelas frequências de amplitude modulada. Ao final daquela década, algumas emissoras começaram a transmitir em FM (frequência modulada) em caráter experimental. Até então, a rádio AM dominava o cenário radiofônico, mas com o advento da FM, houve uma revolução na qualidade do som e na diversificação da programação. Um marco do surgimento da FM foi a inauguração, em 25 de janeiro de 1980, da Rádio Cidade FM, a primeira emissora de FM a contar com locutores ao vivo em sua programação, o que fez com que outras emissoras aderissem a esse estilo de fazer rádio. A Rádio Cidade FM de São Paulo (96,9 MHz) chegou a ser a emissora mais ouvida da América Latina. Com a FM, as emissoras passaram a ter capacidade de oferecer maior variedade de gêneros musicais, programas temáticos e formatos diferenciados, e isso levou a uma diversificação na programação radiofônica.

Crescimento da audiência jovem

As rádios FM, com sua qualidade de som superior e programação diversificada, rapidamente conquistaram a preferência do público jovem. Elas se tornaram um espaço para a promoção de músicas contemporâneas e de novos artistas.

O surgimento da FM foi inicialmente mais notável nos grandes centros urbanos, onde a demanda por uma qualidade de áudio superior era maior. As capitais e as grandes cidades foram pioneiras na adoção massiva dessa tecnologia, mas em um curto espaço de tempo, as pequenas cidades também já contavam com sua emissora de FM.

A popularização da FM decorreu, em grande parte, à tecnologia de transmissão totalmente diferente da AM e, com a disseminação de aparelhos de rádio com sintonizadores FM e receptores estéreo, houve rápida aceitação e crescimento dessa frequência.

Formato de emissoras especializadas

As rádios FM também introduziram o conceito de estações especializadas, focadas em gêneros musicais específicos, como rock, pop, jazz, entre outros. Isso permitiu uma segmentação mais apurada do público ouvinte. Na cidade de São Paulo, por exemplo, rádios como Cidade e Jovem Pan tocavam os grandes sucessos da música nacional e internacional.

As rádios FM contavam com comunicadores muito populares entre os ouvintes, como Tavinho Ceschi, Serginho Leite, Beto Rivera, Emílio Surita, Venerabile, Hamilton "Banana", Edi Magrão, Paulinho Leite, Rony Magrini, Serginho Caffé, Pablo Pablo, César Filho, Sandra Groth, Miriam Lane, Julinho Mazzei (este último, um dos mais cultuados locutores da época, trouxe um modelo diferente para locução baseado nos grandes disk jockeys americanos e foi, por décadas, referência para muitos locutores no país).

A Rádio 89 FM era a "rádio rock", com sua clássica "vinheta à capela", gravada pelo locutor Sergio Torres. A Bandeirantes FM tocava black music, enquanto a Escala FM trazia músicas instrumentais e grandes composições da música clássica. Essa busca de um estilo específico também ocorria em outras emissoras do dial, como, por exemplo, a Poll FM, que operou entre 1984 e 1985 na frequência de 89.1, posteriormente ocupada pela 89 FM. Tinha em sua playlist um mix de flashbacks dançantes dos anos 1970 e 1980 e hits dos anos 1990.

Toda essa diversidade de programação e a consequente segmentação fez com que os locutores tivessem uma identificação maior com seus ouvintes. Embora ainda existissem muitos formatos na locução e muitos locutores usassem bordões e frases feitas para conquistar a atenção dos ouvintes – e isso se estendia das capitais ao interior –, os locutores das cidades menores se inspiravam nos locutores das grandes rádios e repetiam a fórmula da locução.

A briga pela audiência nos programas noturnos era um capítulo à parte. Quase todas as emissoras tinham seu programa romântico, como o *Love songs*, da Rádio Cidade, que teve grandes apresentadores como Vini França, Beto Medeiros, Fernando Moreno, e até eu o apresentei por um curto período. A Jovem Pan tinha o *São Paulo by night*, comando por Cesar Rosa (e sua voz inigualável), Paulo May, Rui Monteiro, entre outros.

Outras emissoras também tinham seus programas românticos: a Bandeirantes FM trazia em suas noites o programa *Sweet love*, inspirado na canção de Anita Baker (trazia, inclusive, a versão instrumental dessa música como tema de abertura), comandado, durante muito tempo, por Law Casanova, pseudônimo do brilhante locutor Lawrence Shum. Na Transamérica, o romantismo estava no *Love touch*, comandando pela locutora Ida Nuñes.

Um dos mais icônicos entre esses locutores foi Sergio Bocca, chamado carinhosamente de "Carinha". Sua voz forte e sua interpretação única garantiam, principalmente com o quadro das traduções da noite – em que letras de músicas eram traduzidas e interpretadas simultaneamente pelo locutor durante a sua execução –, uma audiência significativa.

O surgimento da FM teve um impacto significativo no mercado publicitário e na indústria musical. As rádios FM se tornaram importantes plataformas para a promoção de artistas e álbuns, e as marcas começaram a reconhecer o potencial publicitário desse meio. Com isso, locutores, tanto da AM quanto da FM, se tornaram grandes locutores de publicidade. Nomes como Edinho Moreno, Antônio Viviani, Ferreira Martins, Paulinho Ribeiro e Irineu Toledo, entre outros, se destacaram com vozes marcantes

DICA DE MESTRE

Antônio Viviani, um dos grandes locutores da publicidade brasileira ainda hoje, além de ser locutor padrão da Rede CNN Brasil, atuar no rádio e na televisão como locutor e apresentador há 49 anos, conta que vários colegas do rádio tornaram-se grandes locutores da publicidade. Um deles, Jorge Helal, foi quem o ajudou a dar os primeiros passos na locução publicitária. Viviani menciona outros talentos da voz que fizeram o caminho do rádio para a publicidade: Humberto Marçal, Neville George, Guilherme Queiroz e Claudio Branco.

Campanhas criativas foram lançadas na rádio FM, o que exigia maior versatilidade dos locutores, em função das melhores características sonoras da nova frequência.

Um spot que fez muito sucesso nas ondas da FM foi o "Louco por Lee", em que uma voz sedutora conversava ao telefone com uma mulher que usava um jeans da marca Lee. Outro spot marcante foi o de uma loja de relógios que utilizava da variação de canais stereo da FM para repetir o nome da loja e a palavra "relógio", referindo-se ao produto. Houve, ainda, o marcante spot da Botica ao Veado D'ouro, na voz de Edson Mazieiro. Mais à frente, voltaremos à locução publicitária.

Umas das vozes mais conhecidas pelos brasileiros foi a do ator, locutor e dublador Jorge Ramos, que marcou época como a voz dos trailers de cinema e gravou vinhetas para várias emissoras, como a Jovem Pan. Sua voz e seu estilo são imitados até hoje por vários locutores "vinheteiros" em todo país. Outras vozes marcantes de vinhetas da rádio de São Paulo: Emílio Surita, Vaguinho, Paulinho Ribeiro, Marcelo Zamarian, Rubens Palli, Sergio Luiz, Cesar Rosa, Leonardo Muller, Caio Cezar, Domenico Gatto, Sergio Torres, Carlos Bem-te-vi, Cesar Matheus, Walker Blaz, David Roque, Vini França, Laerte Vieira, Jorge Helal, Ronam Junqueira, Lucena Jr., Lui Riveglini e José Luis Menegatti.

* Relato obtido em entrevista informal com Antônio Viviani por telefone em 11 dez. 2023.

e interpretação diferenciada. Essas vozes se juntaram a outras já em atividade, que traziam um estilo mais clássico, mas que também se adaptaram à nova frequência, como Ronaldo Batista (que foi o narrador dos disquinhos de vinil das histórias da Disney), Antônio Del Fiol (que fazia as locuções das lojas Mappin e depois se tornou garoto propaganda da marca), Jorge Helal, Ronam Junqueira, Odayr Baptista, entre tantos outros.

O rádio via satélite e os desafios para locutores e locutoras

O advento das transmissões de rádio via satélite expandiu os horizontes dos locutores, desafiando-os a se adaptarem a um público mais diversificado e a um cenário radiofônico que passaria por grandes mudanças. Essa mudança influenciou não apenas a linguagem, mas também a apresentação e a abordagem geral dos profissionais da locução.

Antes das transmissões via satélite, as emissoras de rádio tinham um alcance local limitado, exceto algumas emissoras de AM que, principalmente no horário noturno, emitiam suas ondas para localidades mais distantes. Um exemplo era a Rádio Mundial AM do Rio de Janeiro que, em seus horários noturnos, era ouvida em quase todo o país.

Com a implantação do satélite e a capacidade de transmitir para outras cidades e estados, locutores passaram a ter uma audiência nacional e, em alguns casos, internacional. Isso exigiu uma adaptação na linguagem, a fim de atender a uma audiência mais diversificada.

Para garantir uma compreensão mais ampla e evitar possíveis barreiras linguísticas, alguns locutores optaram por neutralizar seus sotaques, uma tarefa nada simples, mas a padronização da linguagem ajudou a criar uma apresentação mais acessível para públicos em diferentes partes do país.

Com um alcance mais amplo, locutores precisaram estar atentos às diferenças culturais entre regiões e isso influenciou a escolha de referências e até os quadros humor, exigindo uma abordagem mais inclusiva. Com a transição para um alcance nacional, adaptaram seu estilo de locução e a linguagem tornou-se mais padronizada e menos regionalizada para se adequar a um público maior.

A capacidade de transmitir para diferentes regiões permitiu maior variedade de programação para atender a gostos diversos. Locutores precisaram se adaptar a diferentes estilos de programa e público. Alguns desenvolveram estilos que combinavam elementos regionais com uma linguagem mais neutra.

A transmissão via satélite também abriu caminho para uma maior interatividade, com locutores convidando ouvintes de diferentes regiões a participarem de programas ao vivo. Isso influenciou a linguagem, ao criar uma experiência mais participativa, integrando diferentes culturas do país em torno de uma programação de rádio.

Os anos 1990, além de inovações tecnológicas para o rádio – como as transmissões via satélite para a FM –, abriram um espaço maior para as mulheres. Principalmente na FM, grandes locutoras e comunicadoras conquistaram seu espaço e se destacaram a partir daquela década. Entre elas: Tina Roma, Simone Rigotti, Patricia Liberato, Eliana Chuffi, Roseli de Oliveira, Gleides Xavier, Mônica Porto, Deborah Izola, Ana Paula, Roxane Ré e Ida Nuñes.

Arrematando as ideias

O objetivo desse capítulo foi mostrar os importantes movimentos que nos ajudaram a chegar até a locução que fazemos hoje em todas as mídias disponíveis. A intenção não era contar a história do rádio ou dos artistas da locução; para isso – ou seja, para trazer todos os grandes nomes da locução desde o início até os dias de hoje –, precisaríamos de uma grande enciclopédia. Quem sabe este livro nos inspire a desenvolver essa obra futuramente?

CAPÍTULO 2
LOCUTOR × COMUNICADOR

Vamos esclarecer as diferenças fundamentais entre dois atores importantes no universo da comunicação: o locutor e o comunicador. Essa distinção não apenas enriquece nossa compreensão do cenário de atuação, mas também orienta aqueles que estão interessados em seguir carreira na locução. Destacaremos de forma objetiva as características únicas que definem cada função, proporcionando uma visão mais clara e aprofundada para quem deseja explorar o universo da locução profissional.

No fascinante mundo da comunicação, essas duas figuras essenciais desempenham papéis distintos, porém muito importantes. Comunicador e locutor, embora ambos estejam ligados à transmissão de informações, música e entretenimento, têm funções e abordagens que variam consideravelmente. Vamos ver um pouco mais de perto as diferenças que definem essas duas atividades fundamentais nesse universo.

Quem é o locutor?

O locutor ou locutora é responsável, principalmente, pela apresentação de músicas, anúncios e informações, textos comerciais, institucionais e chamadas. Sua voz desempenha um papel importante na construção da identidade de uma emissora, marca ou produto. Foca no texto, na interpretação, em dar vida a algo muitas vezes escrito por outra pessoa. Sua habilidade é transmitir, por meio de sua voz, a mensagem de forma clara, para que a audiência capte o conteúdo como ele foi elaborado. O locutor, geralmente de rádio, interage de forma genérica, incentivando a participação do ouvinte por meio de chamadas de ação, levando a informação de forma mais isenta e objetiva e faz comentários menos relevantes.

Quem é o comunicador?

O comunicador ou comunicadora também pode apresentar conteúdo, mas sua ênfase reside na comunicação mais ampla. Isso inclui aprofundar-se nos assuntos a partir de suas próprias ideias em entrevistas, debates, comentários, interações com ouvintes e em conteúdos de forma geral. Foca no conteúdo, em passar para o ouvinte ou espectador a sua visão, envolver o ouvinte por meio da sua concepção sobre determinado assunto ou tema. Busca uma interação mais profunda, seja por meio de debates ao vivo, entrevistas interativas ou respostas diretas a perguntas da audiência, faz comentários mais contundentes e propõe reflexões de ações de forma persuasiva.

Quais são as habilidades de cada um deles?

Tanto o locutor quanto o comunicador desempenham papéis vitais nos veículos de comunicação, cada um contribuindo de maneira única para a experiência de seus ouvintes e espectadores. Enquanto o locutor encanta com sua voz e habilidade de interpretação, o comunicador se destaca na capacidade de envolver os ouvintes em conversas mais ricas e interativas. Ambos são peças-chave nesse universo fascinante, cada um trazendo sua própria essência.

HABILIDADES DO LOCUTOR

Um locutor deve ter uma voz atraente e cativante, além de uma interpretação envolvente e natural, capaz de prender a atenção dos ouvintes;

ter habilidade para se expressar de maneira clara, objetiva e fluente, garantindo uma comunicação eficaz durante a leitura de textos ou apresentação de programas. Precisa, ainda, ter sensibilidade em diferenciar a proposta e a natureza de textos comerciais, noticiosos ou de entretenimento; saber identificar o que o autor do texto se propõe a dizer com aquela narrativa.

HABILIDADES DO COMUNICADOR

Um comunicador deve ter capacidade de conduzir conteúdos de forma envolvente, explorando diferentes perspectivas e mantendo a audiência interessada no que está falando. Conhecer de forma ampla tópicos variados, garantindo informações precisas e enriquecedoras durante a transmissão de qualquer tipo de conteúdo. Ser capaz de se ajustar ao estilo de comunicação conforme a situação (descontraído e amigável em momentos informais, ou mais formal em discussões sérias) ao lidar com diferentes tipos de público dentro da sua audiência. Interagir de forma envolvente com sua audiência de forma a gerar fidelidade e engajamento em todas as plataformas em que seu público esteja, tornando-se um comunicador multiplataformas.

Uma das habilidades mais importantes é saber analisar fatos, notícias e temas relevantes de maneira crítica, oferecendo insights valiosos aos ouvintes, propondo uma reflexão mais ampla e despertando no ouvinte essa análise crítica a partir de seu ponto de vista. Cabe também ao comunicador compreender a diversidade de opiniões e demonstrar empatia ao lidar com diferentes perspectivas, criando um ambiente de comunicação inclusivo. É certo dizer que locutores e comunicadores compartilham a importância da empatia, adaptação e conexão com o público, cada um com foco em aspectos específicos que enriquecem a experiência de quem os ouve ou assiste.

Nos capítulos a seguir, abordaremos a técnica e os caminhos para o desenvolvimento das habilidades que vão ajudar você a se desenvolver de forma eficiente nas duas frentes de atuação; ressaltando, porém, que o profissional da locução pode exercer as duas atividades, uma vez que todos nós somos comunicadores por natureza, e grandes nomes desempenharam os dois papéis com destaque: Hélio Ribeiro foi um grande locutor e comunicador fantástico. Roberto Nonato é um grande comunicador no jornalismo e locutor brilhante. Destacamos também Irineu Toledo, que é um dos grandes nomes da locução publicitária e comunicador extraordinário, com suas provocações e reflexões no rádio e na internet. Não podemos esquecer aquele que para muitos é o maior comunicador de todos os tempos: Silvio Santos, que foi locutor de rádio por muitos anos e se tornou um gigante da comunicação brasileira.

Medo de falar em público: como vencer?

Superar a timidez e o medo de falar em público é crucial para locutores e locutoras, já que a comunicação eficaz é essencial nessa profissão. Engana-se quem pensa que profissionais da comunicação não enfrentam esse desafio ou que um locutor de rádio, TV ou de publicidade não precisa vencer esse tipo de obstáculo. Atualmente, o que se espera do profissional de comunicação é que seja um "comunicador 360°", e a habilidade de falar em público é fundamental para atingir esse objetivo.

Um dos maiores comunicadores de rádio do país se confessa uma pessoa extremamente tímida – deixaremos seu nome no anonimato por questões de privacidade. Tenho grandes amigos profissionais da comunicação que tiveram que superar essa dificuldade. Eu mesmo superei a timidez e o medo do público: com 17 anos de idade, me desafiei a ir ao programa *Show de Calouros* de Silvio Santos, um dos meus maiores ídolos da comunicação. Era 1987, e lá estava um menino tímido, com muito medo do público, fazendo imitações. Ao final, recebi elogios do próprio Silvio Santos, e aquilo serviu como incentivo em todos os outros desafios que vieram. Em 1994, apresentei um show de rádio para uma plateia de 50 mil pessoas no vale do Anhangabaú pela Rádio X, do sistema Globo. Hoje, embora ainda seja uma pessoa tímida, isso nunca me impediu de exercer com excelência o meu trabalho, seja diante de grandes plateias, nos eventos que conduzo como apresentador, mestre de cerimônias ou celebrante de casamentos; ou para uma ou duas pessoas em um estúdio de rádio. Vamos abordar alguns aspectos que vão ajudar a desenvolver habilidades para superar os obstáculos da timidez e do medo do público:

- **Pratique sempre:** treine regularmente para ganhar confiança. Quanto mais você praticar, mais confortável se sentirá com a sua voz, expressão e todos os seus recursos de comunicação.
- **Grave e ouça:** grave suas práticas e locuções. Isso permite que você ouça a si mesmo e identifique os pontos que deve melhorar. Faça isso com foco na superação dessas dificuldades; dessa forma, você vai ganhando mais confiança ao longo do tempo.
- **Respire:** pratique a respiração antes de falar em público ou de fazer uma locução em ambientes que possam lhe trazer algum tipo de desconforto. Faça algumas respirações profundas para se acalmar. Exercite a respiração diafragmática: essa prática de respiração consciente ajuda a reduzir a ansiedade.
- **Visualize sua melhor performance:** imagine-se realizando uma ótima apresentação ou locução. Visualizar o sucesso pode ajudar a criar uma mente positiva e reduzir a ansiedade, tornando os caminhos da locução, se não mais fáceis, ao menos sob um domínio mais consciente.
- **Comece com públicos menores:** se a sua dificuldade é com um número grande de pessoas, inicie sua prática com audiências menores antes de enfrentar um grande público. Isso ajuda a construir confiança gradualmente.
- **Conheça o conteúdo:** esteja completamente familiarizado com tudo o que você vai falar. Quanto mais você souber, mais confiança terá ao falar sobre o assunto. Quando for a qualquer lugar, sempre vá preparado para falar, um mínimo que seja. Mesmo que isso não aconteça, prepare-se sempre. Por exemplo, se você vai ao lançamento de um livro, procure saber mais sobre o autor e sobre a

abordagem do material. Se houver algum espaço para perguntas ou comentários e você for convidado, fará sua participação com mais segurança; se você não for convidado a perguntar, solicite um espaço para isso, mesmo que esteja apavorado para falar. Desafie-se: a sensação de superação ao final será um grande incentivo para os próximos desafios.

- **Use o humor:** o humor pode aliviar a tensão e criar uma atmosfera mais descontraída. No entanto, use-o com moderação; certifique-se de que é apropriado para a situação e o faça de acordo com a sua personalidade, não crie personagens ou algo que descaracterize você. As pessoas percebem e isso pode gerar uma situação constrangedora.

- **Aceite os seus erros:** entenda que é normal cometer erros, todos nós erramos, principalmente no processo de comunicação. Em vez de se concentrar neles, siga em frente. A maioria do público não notará; hoje, os erros humanizam a fala e aproximam o comunicador das pessoas. Apenas lembre-se: não devemos ser relapsos e achar que podemos errar sem medidas.

- **Trabalhe sua expressão:** uma boa postura e expressão corporal podem transmitir confiança. Mantenha-se ereto, faça contato visual e gesticule de maneira natural. Permita que os gestos reforcem o valor de algumas palavras, mas de forma sutil para que a ênfase não fique desproporcional, deixando sua fala muito marcada.

- **Desenvolvimento constante:** considere participar de cursos de oratória, oficinas de teatro, cursos de expressão corporal ou workshops que ofereçam técnicas específicas para falar em público e melhorar sua expressividade.

- **Consciência:** tenha consciência de suas qualidades como locutor ou comunicador e entenda que tudo é um processo de evolução. As pessoas olham e analisam isso de outro ângulo; ouvintes e plateias muitas vezes não observam ou analisam as técnicas utilizadas, apenas focam no conteúdo e em você, mas sem avaliar o seu desempenho. Por isso, esteja à vontade e seja você mesmo, pois isso cativa as pessoas. O tempo e a prática vão aprimorar o seu desempenho. Lembre-se de que a superação da timidez e do medo de falar em público é um processo gradual. Cada experiência contribuirá para o seu desenvolvimento como locutor ou locutora, respeite o processo para viver o propósito.

O IMPROVISO

Improvisar é uma habilidade valiosa, especialmente para um comunicador de rádio, pois permite lidar com situações inesperadas, manter a fluidez do programa e adaptar-se rapidamente às mudanças. Isso inclui lidar com problemas técnicos, responder a perguntas de ouvintes em tempo real, ou até mesmo preencher espaços de tempo, quando necessário. Além disso, o improviso demonstra habilidades de comunicação, criatividade e versatilidade, criando uma conexão mais envolvente com os ouvintes. Todos temos uma habilidade única de comunicação, que vem de nossas experiências de vida, do nosso conhecimento em todas as áreas, e isso define a nossa capacidade de raciocínio rápido para interagir com situações inesperadas na comunicação, o chamado improviso. Podemos praticar e aperfeiçoar essa capacidade por meio de exercícios de comunicação simples e eficazes:

- **Leitura:** leia uma variedade de materiais, como jornais, revistas, romances, poesias e artigos online. Isso ampliará seu vocabulário e o familiarizará com uma variedade de estilos de texto, tópicos e assuntos.
- **Caderno de palavras:** anote palavras novas que você encontrar durante sua leitura ou ouvir algum comunicador dizer. Procure seu significado e tente usá-las em suas conversas diárias e, claro, em sua locução de rádio.
- **Escreva:** escrever regularmente pode ajudá-lo a organizar seus pensamentos e aprimorar suas habilidades de expressão. Tente

escrever pequenos ensaios, histórias ou até mesmo scripts para sua locução de rádio, mesmo que você não vá ler esses textos nos programas. Isso o ajudará também a pensar rapidamente em novas ideias.

- **Técnicas de improviso:** pratique técnicas de improvisação, como jogos de palavras, debates ou narração de histórias improvisadas baseadas em tópicos. Essas atividades ajudarão a pensar rapidamente e a desenvolver sua criatividade.

- **Escute outros locutores:** ouça outros locutores de rádio para observar suas técnicas de improvisação. Preste atenção à forma como eles usam o vocabulário e como articulam suas ideias de forma clara e envolvente. Ouvir comunicadores mais experientes e de estilos variados é uma das melhores formas de aprender.

- **Agilidade de pensamento:** pratique exercícios que desafiem seu raciocínio rápido e sua capacidade de pensar sob pressão. Jogos de quebra-cabeça, palavras cruzadas, charadas e até mesmo jogos de improvisação teatral serão muito úteis.

- **Exercício com música:** escolha uma música que tenha a letra desafiadora, seja por sua densidade vocabular, sua estrutura poética, seu conteúdo temático ou pela complexidade das palavras. Ouça atentamente a música e analise a letra palavra por palavra. Identifique o significado de cada linha, procure por metáforas, jogos de palavras, figuras de linguagem e nuances de significado. Extraia palavras que chamaram sua atenção, busque seu significado e tente compreender o contexto e a conexão que ela faz com outras partes da música.

- **Feedback:** peça feedback regularmente a colegas ou amigos (mesmo que não sejam profissionais) sobre suas performances. Isso pode ajudá-lo a identificar pontos de melhoria e a desenvolver suas habilidades de forma mais eficaz.

- **Paciência e persistência:** essa dica vale para tudo na vida. Aprimorar suas habilidades de improvisação e expandir seu vocabulário leva tempo e precisa de prática. Seja paciente consigo mesmo e continue praticando regularmente. Lembre-se de que a prática consistente é fundamental para melhorar suas habilidades de improvisação e comunicação. Com dedicação e esforço, você verá progresso ao longo do tempo.

O CARISMA

O que de fato chama a atenção em um comunicador? O que prende a atenção de ouvintes ou espectadores? Muitos são os atributos de um comunicador que despertam o interesse de sua audiência, mas o carisma é, sem dúvidas, algo que diferencia comunicadores em qualquer veículo em que atue. O carisma é uma combinação de qualidades que tornam um comunicador cativante e persuasivo para a audiência. Isso inclui habilidades de comunicação, empatia, confiança e autenticidade.

Algumas pessoas podem ter naturalmente mais carisma do que outras, mas é possível desenvolvê-lo ao longo do tempo por meio de prática, desenvolvimento pessoal e aprimoramento das habilidades de comunicação, além do relacionamento interpessoal. Isso pode ser feito de várias formas: treinamentos específicos de comunicação, coaching, prática de falar em público e observação de outros comunicadores carismáticos, sendo este último uma grande escola para qualquer comunicador.

Veja a seguir alguns passos simples para aperfeiçoar a sua base de comunicação e assim melhorar a percepção de seu carisma perante a audiência.

- 🎙 **Trabalhe a sua voz:** a voz é uma ferramenta poderosa na comunicação. Pratique modulação, entonação e ritmo para tornar sua voz mais cativante e envolvente. Lembre-se de sorrir: como se costuma dizer, "um sorriso muda tudo", tanto na sua técnica de comunicação e expressão quanto na forma como as pessoas recebem a sua mensagem.

- 🎙 **Seja autêntico:** a autenticidade é chave para o carisma. Seja genuíno e transparente com sua audiência, mostrando sua personalidade de forma natural às pessoas, permitindo que a mensagem flua através de você, que a emoção do seu conteúdo possa ser sentida pelas pessoas que ou ouvem ou assistem; para isso, ser você mesmo é fundamental.

- 🎙 **Empatia:** mostre empatia com sua audiência, compreendendo suas preocupações, desejos e necessidades. Coloque-se no lugar de quem ouve ou assiste; isso cria uma conexão verdadeira com a sua audiência.

- 🎙 **Desenvolva suas habilidades de comunicação não verbal:** a linguagem corporal e as expressões faciais podem transmitir muito. Pratique postura confiante, contato visual e sorriso genuíno para aumentar seu carisma, mesmo que que você esteja falando apenas ao microfone sem a presença de público ou até mesmo sem câmeras. Utilize-se dos recursos de expressividade para ganhar expressão na sua voz.

- 🎙 **Conte histórias:** as pessoas se conectam com histórias emocionantes e envolventes. Aprenda a arte de contar histórias para manter sua audiência interessada e conectada. Entenda como uma história, um fato, um acontecimento, uma notícia ou qualquer outro enredo pode ser compreendido por quem ouve; isso faz com que você busque detalhes valiosos no conteúdo e os conte de forma com que as pessoas não somente entendam, mas se interessem por cada detalhe do que está sendo narrado.

- 🎙 **Aceite feedback:** esteja aberto a receber feedback construtivo sobre sua performance. Isso pode ajudá-lo a identificar áreas de melhoria e aprimorar suas habilidades de comunicação. Saiba filtrar sempre as críticas construtivas das mal-intencionadas e aceite feedback tanto de especialistas na área da comunicação como de ouvintes comuns, pois ambas as frentes de observação terão considerações importantes para o seu desenvolvimento.

- 🎙 **Observe outros comunicadores carismáticos:** estude e observe outros comunicadores que você admira. Analise o que eles fazem bem e como você pode aplicar essas técnicas ao seu próprio estilo. Lembre-se: esses comunicadores estão em todo lugar, não apenas no rádio ou na tela da TV ou na internet. Um professor pode ser um grande comunicador; assim como um pastor, um padre ou um advogado podem ter habilidades de comunicação fantásticas. Permita-se aprender com todos eles.

- **Pratique, pratique, pratique:** a prática é fundamental para aprimorar qualquer habilidade, incluindo o carisma. Dedique tempo regularmente para praticar sua comunicação e interação com a audiência, lembre-se da máxima "prática, paciência e persistência", que são os três "Ps" para se alcançar sucesso.

- **Lembrando:** o carisma é uma qualidade que se desenvolve ao longo do tempo, então seja paciente consigo mesmo e não se cobre em excesso. Saiba que embora todos tenhamos pontos a desenvolver ou evoluir em nossa comunicação, também temos qualidades as quais as pessoas admiram – e isso já é algo que nos conecta com a nossa audiência. Continue praticando para melhorar suas habilidades de comunicação e o seu carisma como comunicador.

Arrematando as ideias

Um comunicador não exerce sua função apenas em um veículo de comunicação; os comunicadores estão por toda a parte, porém um profissional da comunicação precisa reconhecer suas qualidades e seus pontos a desenvolver, assim como o locutor precisa de atualização constante de técnica e conhecimento. Alinhar as duas frentes – locutor e comunicador – é um grande desafio, assim como perceber a linha tênue que as divide, e abre possibilidades para o profissional que nelas atua.

CAPÍTULO 3
TÉCNICAS DE LOCUÇÃO

Sendo a voz o instrumento mais importante para um locutor ou para qualquer pessoa que trabalhe com comunicação, neste capítulo abordaremos alguns recursos importantes para o bom uso da voz, bem como algumas dicas que ajudarão a utilizá-la de forma a conseguir expressar todas as emoções e intenções específicas de um texto de qualquer natureza, além de explorar características importantes de locutores e comunicadores que fazem a diferença na eficiência do trabalho de locução.

A VOZ

Antes de abordar a prática de locução mais especificamente, vamos falar da ferramenta de trabalho de todo locutor ou comunicador: a voz.

A voz é o principal instrumento de comunicação para um locutor. Uma voz clara, expressiva e bem modulada facilita a compreensão da mensagem, tornando-a mais impactante. Uma voz bem treinada é capaz de transmitir emoções de maneira autêntica: isso é crucial para estabelecer uma conexão emocional com a audiência, seja para transmitir notícias, contar histórias ou vender produtos em um spot comercial, narrar um vídeo ou apresentar um programa de rádio.

Trata-se de um instrumento que precisa ser usado com naturalidade para que os textos e todas as suas intenções sejam percebidas pelo público; ou seja, o texto mostra ao locutor os caminhos que sua voz irá seguir. Foi-se o tempo em que as vozes eram empostadas e pareciam ser todas iguais. Hoje, locutores e locutoras podem se utilizar de sua personalidade vocal até mesmo em textos publicitários ou narrativos concebidos por outras pessoas, desde que captem a mensagem principal do texto e consigam transmitir sua essência. Por isso, a voz precisa ser treinada, para que o profissional possa usá-la em toda sua plenitude e de forma natural. Uma voz bem controlada é essencial para locutores e locutoras que trabalham em diferentes contextos, como rádio, televisão, publicidade ou eventos ao vivo.

O preparo vocal permite que um locutor varie a entonação, o ritmo e o entusiasmo de acordo com a natureza da mensagem. Isso é crucial para manter o interesse da audiência e adaptar-se a diferentes situações, e inclui cuidados com a saúde da voz, muito importantes para evitar danos como rouquidão ou lesões nas cordas vocais, que podem afetar negativamente o desempenho do locutor.

Uma voz única e bem trabalhada pode destacar um locutor no mercado. A habilidade de diferenciar-se pela qualidade vocal pode ser um fator determinante na escolha de um profissional. Hoje em dia existem diversos fatores, como o celular, por exemplo, que tiram a atenção da audiência, fazendo com que ela se desconecte da mensagem que está sendo transmitida. Para se atingir os objetivos de comunicação, é correto dizer que há uma série de recursos: imagens (em caso de TV ou internet), um texto bem elaborado, uma narrativa dinâmica e atual, uma boa trilha sonora e a voz. Esses fatores contribuem para a retenção da audiência. O ouvinte é mais propenso a permanecer envolvido quando a voz é atraente e mantém o interesse.

A voz é uma ferramenta poderosa para contar histórias. Um locutor com habilidades vocais bem desenvolvidas pode dar vida a narrativas, envolvendo a audiência emocionalmente e criando uma experiência mais significativa. Uma voz cativante pode estabelecer uma conexão emocional mais forte com a audiência. Isso é crucial para transmitir emoções genuínas, seja um programa de entretenimento, anúncio publicitário, notícias ou até a narração de uma partida esportiva – quando a voz é trabalhada de forma intensa e tem variações muitos rápidas que acompanham a dinâmica do esporte. A capacidade de transmitir emoções de forma autêntica cria uma ligação mais profunda com os ouvintes.

Em resumo, uma voz bem-preparada e um locutor ou locutora que conheçam bem seus recursos vocais, permitindo que fluam de forma orgânica, contribuem não apenas para a qualidade técnica da transmissão, mas também para a capacidade do locutor de conectar-se emocionalmente com a audiência e transmitir mensagens de maneira eficaz.

Recursos vocais

Quais são os principais recursos vocais que um locutor ou locutora deve dominar e como praticá-los? Vamos conhecer agora.

- **Tom de voz:** varie seu tom de voz para expressar diferentes emoções e enfatizar pontos-chaves. Pratique lendo textos com emoções diferentes e experimente ajustar seu tom para transmitir mensagens diversas.

- **Ritmo e velocidade:** trabalhe na variação do ritmo e da velocidade da fala. Isso ajuda a manter a atenção da audiência. Experimente ler um texto de forma mais rápida e depois mais devagar, adaptando-se ao conteúdo.
- **Modulação:** module sua voz para evitar monotonia. Experimente ler frases simples, destacando diferentes palavras em cada leitura. Isso ajuda a desenvolver a habilidade de modulação.
- **Articulação e pronúncia:** faça exercícios de articulação, como pronunciar claramente palavras difíceis. Leia em voz alta, prestando atenção à pronúncia correta e à clareza das palavras.
- **Volume:** trabalhe o controle do volume, ajustando-o conforme a situação. Pratique falando mais alto e mais baixo, garantindo que sua voz seja ouvida claramente em diferentes ambientes e situações.
- **Ênfase e intensidade:** destaque palavras-chaves para dar ênfase. Leia um texto e experimente destacar diferentes palavras para transmitir intensidades variadas, porém, tenha atenção especial ao sentido da palavra, para que a sua entonação não a descaracterize.
- **Pausas e respiração:** pratique a respiração profunda para evitar falar em uma única respiração. Faça pausas estratégicas para enfatizar pontos importantes. Exercícios de respiração podem melhorar a capacidade pulmonar.
- **Timbre e qualidade vocal:** experimente explorar diferentes registros vocais. Cante ou leia em diferentes tons para desenvolver o timbre da sua voz. Isso ajuda dar mais versatilidade à sua voz.
- **Expressão facial e corporal:** a voz está intimamente ligada à expressão facial e corporal, ou seja, essas expressões estimulam a interpretação do texto, fazendo com que quem fala consiga fazê-lo de forma natural, porém, com ênfase em momentos e frases importantes do texto. Pratique diante de um espelho, ou até mesmo

gravando com o celular, observando sua expressão facial e seus gestos. Eles podem complementar e reforçar sua mensagem.

- **Estude outros locutores:** ouça atentamente locutores experientes e identifique como eles utilizam os recursos vocais. Analise programas de rádio, podcasts ou narrações, além de spots publicitários, para entender como os profissionais aplicam essas técnicas. Os locutores de publicidade são mestres na arte do uso da voz e interpretação.

- **Feedback:** lembre-se de que a prática consistente é essencial para aprimorar esses recursos. Além disso, receber feedback de colegas ou mentores pode ser valioso para identificar pontos de melhoria, mas saiba filtrar as críticas construtivas das críticas destrutivas que podem desmotivá-lo. Também é importante observar as diferenças da crítica de um leigo e de um profissional experiente. Muitas vezes, a crítica do leigo tem muito valor, pois ele se coloca na posição de ouvinte e pode apontar aquilo que o atrai e o incomoda na sua locução. Talvez ele não saiba apontar tecnicamente o que pode ser melhorado e o que está bom, mas certamente poderá contribuir com seu desenvolvimento.

Fenômenos da fala

Existem vários fenômenos de fala que envolvem modulação e entonação. Vamos entender alguns deles.

- **Monotonia:** fala em um tom monótono, com pouca variação na entonação. Pode transmitir falta de emoção ou interesse.

- **Aumento gradual de tom:** aumento gradual da intensidade ou volume da fala ao longo de uma frase ou discurso.

- **Staccato:** fala rápida e separada, muitas vezes caracterizada por sílabas curtas e distintas.

- **Entonação ascendente:** entonação ascendente no final de uma frase, como se fosse uma pergunta. Isso pode expressar incerteza, insegurança ou busca de validação.
- **Entonação descendente:** entonação descendente no final de uma frase, indicando uma afirmação ou declaração concluída.
- **Voz crepitante:** utilização de um padrão de voz em que as cordas vocais vibram lentamente, resultando em um som "crocante". É comumente associada a um tom mais relaxado ou casual.
- **Fry:** diferente da voz crepitante, que ocorre durante toda a emissão da fala, este padrão de voz se dá quando as cordas vocais são tensas, criando um som mais grave e "crocante" no final das frases. Às vezes é usado como uma expressão de informalidade.

Cada um desses fenômenos de fala pode carregar diferentes significados e contextos sociais, e sua prevalência pode variar entre culturas e grupos linguísticos, mas é muito importante ao profissional da voz compreender como esses e outros fenômenos podem interferir na sua atividade profissional. O acompanhamento com um profissional de fonoaudiologia é fundamental para minimizar os efeitos desses fenômenos.

Cuidados com a voz

Já vimos que o objetivo é atingir a melhor voz, encantar, vender, sustentar e usar da naturalidade com mais rendimento e o menor gasto de energia. Para isso, sugerimos a seguir alguns conceitos e exercícios criados pela fonoaudióloga Meire Konno, que é especializada em voz profissional, atuando há mais de 20 anos com locutores e apresentadores de diversos segmentos do rádio, da TV e da publicidade e é professora de voz nos cursos de teatro e rádio do Senac São Paulo. Essas dicas poderão ajudar a manter esse instrumento em pleno funcionamento, lembrando que cada um tem sua característica vocal e suas especificações, portanto estamos longe de querer instrumentalizar e generalizar os exercícios.

DICA DE MESTRE

Exercícios vocais

Todas as características vocais são importantes e têm expressividade. Os cuidados vocais variam desde apoio respiratório, articulação precisa, boa alimentação, sono – você já notou que quando estamos cansados ou com sono, nossa primeira reação é economizar a voz e a fala, ficando monocórdicos e evitando falar? – e exercícios. Sim, exercícios para a fala e voz são imprescindíveis para alcançar o sucesso.

Como podemos preparar a voz? Quando praticamos uma atividade física, é importante preparar a musculatura com alongamento, assim, evitamos possíveis lesões, não é mesmo? O mesmo pode ser aplicado para a voz: o aparelho fonador deve ser aquecido e preparado antes do uso; lembrando também do desaquecimento, que é necessário e essencial para voltar à voz conversada, usual do dia a dia.

Pela manhã, é comum nossa voz se apresentar mais grave ou levemente mais rouca. Sem aquecer a voz, seu desempenho vocal não será efetivo ao longo do dia.

Assista ao vídeo do link a seguir, que traz algumas sugestões de atividades que poderão favorecer a sua voz para que tenha mais rendimento com menos esforço. Disponível em: https://www.youtube.com/watch?v=twPd5Z6zVmw. Acesso em: 25 mar. 2024.

Para a entonação, um bom exercício é recitar poemas, ler com variação de velocidade, intensidade e frequência.

---

* Conceitos e exercícios obtidos em entrevista informal com Meire Konno por telefone, troca de mensagens e e-mails em janeiro de 2024.

COMO A VOZ É PRODUZIDA?

Conhecer o processo de produção da voz facilita a escolha da prática, de forma a alinhá-la às suas necessidades.

O som é produzido quando o ar sai dos pulmões, passa pela laringe (local em que ocorre tensão e o movimento de abertura e fechamento das pregas vocais) e é modulado pela boca (língua, dentes e lábios). Podemos dividir a produção da voz e fala em respiração, vibração das pregas vocais, articulação e ressonância.

Enquanto estamos respirando, o ar passa livremente pelas pregas vocais, que se encontram abertas e, ao emitirmos um som, as pregas se aproximam na linha média e vibram. Quando falamos, esse ar passa pelas cavidades da boca e do nariz, caracterizados como sons nasais e orais.

Relação da voz com os hábitos da vida diária

Para os profissionais da voz, alguns hábitos podem ser ajustados para contribuir com a saúde vocal, como alimentação, hidratação, mudanças de temperatura, postura corporal, tabagismo. Vamos ver como isso é possível?

ALIMENTAÇÃO

Sabemos que uma alimentação adequada, sem exageros, faz bem à saúde como um todo, favorece o bom funcionamento do organismo e promove bem-estar. Porém, alimentos gordurosos e de difícil digestão prejudicam a qualidade vocal, pois podem provocar problemas digestórios. Comer tarde e se deitar logo em seguida também pode ser um fator prejudicial, visto que a posição contribui para o refluxo gastroesofágico.

Leite e derivados produzem mais muco, o que pode atrapalhar a fala, ao contrário de cafés, chás com alto teor de cafeína e sucos de frutas como limão e laranja, que podem ressecar a mucosa oral, o que também prejudica a pronúncia das palavras. A maçã é nutritiva e adstringente, limpa parte do trato oral e sua mastigação relaxa a musculatura envolvida. O organismo leva, em média, duas horas para absorver o que foi consumido.

HIDRATAÇÃO

A hidratação adequada é fundamental para a saúde da voz. A desidratação pode causar o ressecamento das pregas vocais, o que afeta a qualidade e o timbre da voz. Além disso, a saliva desempenha um papel importante e a secura na boca e garganta afeta diretamente a fala. Nosso corpo é composto por cerca de 65% de água, o que pode variar de pessoa para pessoa. Podemos monitorar a hidratação pela cor da urina (deve ser clara, mas não muito). Consumir água em excesso pode ser negativo, pois pode promover a perda de importante sais e proteínas pela urina.

Em ambientes em que o calor é excessivo e se transpira muito, é importante a ingestão de bebidas isotônicas, como água de coco. É importante observar também ambientes com ar-condicionado, pois o aparelho retira a umidade do ar, ressecando a boca e o trato vocal. É importante manter-se hidratado e descansar a voz regularmente.

TEMPERATURA

A variação de temperatura causa um choque térmico no organismo, que reage muito rapidamente. Por exemplo, a diferença de temperatura do ambiente, ao sair de um lugar quente para outro bem gelado (agasalhar-se é uma opção saudável) ou o consumo de bebidas geladas com o corpo quente (ou o inverso). Ao consumir algo gelado com o corpo quente, o ideal é manter o alimento na boca por alguns segundos antes de engolir, a fim de equilibrar a temperatura entre o corpo e o alimento.

VESTIMENTAS

Roupas apertadas na cintura podem dificultar a livre movimentação do diafragma; golas altas e firmes podem gerar tensão numa região que deve estar livre durante a fonação. Prefira roupas com tecido de fibra natural, pois propiciam melhor transpiração.

POSTURA CORPORAL

Quanto à postura corporal, deve ser livre de tensões. Sente-se de maneira confortável e observe a altura da cadeira em relação à mesa/microfone, da leitura do texto na tela do computador, para não lateralizar o pescoço enquanto fala. Alongue-se algumas vezes ao longo do dia: isso relaxa e alivia as tensões, resultando numa boa qualidade vocal.

TABAGISMO

A fumaça aspirada passa diretamente sobre as pregas vocais e parte da nicotina é depositada sobre elas. Geralmente, a voz fica mais grave, aparecem dificuldades na projeção, cansaço, respiração limitada e dificuldades na coordenação entre fala e respiração. Estudos apontam que com o passar do tempo, o hábito de fumar pode causar desde edemas a lesões benignas e até malignas, que necessitam de intervenções cirúrgicas como tratamento.

RESPIRAÇÃO

Por fim, faça pausas para respirar. Marque pontos importantes a serem destacados no texto, inclusive o ponto respiratório. Conscientize-se das suas necessidades e das respostas do seu corpo. Treine diariamente, se possível, para reconhecer o que não está bom e transformar e fortalecer o que está bom. Monitore sua performance vocal: grave, escute e treine.

Os exercícios vocais podem ser realizados diariamente. Criar um hábito e uma rotina proporciona uma qualidade vocal satisfatória e excelentes resultados. O uso prolongado da voz pede um desaquecimento, que pode começar com momentos de absoluto silêncio ao final do período prolongado de fala (locução, palestra, aula, gravação, etc.). Realizar bocejos e suspiros sonorizados, relaxando a musculatura oral e as tensões. Espreguiçar-se ou alongar-se algumas vezes ao dia auxilia no relaxamento dos músculos que tensionamos por diversas razões, inclusive postural. Espreguice-se e boceje com som. Deixe o som sair naturalmente. O bocejo sonorizado pode ser feito ao expirar, emitindo um som suave e prolongado.

Contudo, se houver queixa vocal, rouquidão persistente (por mais de quinze dias), consulte um profissional da voz, otorrinolaringologista e fonoaudiólogo para uma avaliação. Como dizia o slogan da campanha de 2022 da Sociedade Brasileira de Fonoaudiologia pelo dia mundial da voz (16 de abril): "Sua voz importa!"

Arrematando as ideias

Neste capítulo, mostramos como nossa voz é importante e que a sua relevância vai além do timbre: ela transmite emoções. Para que possamos aproveitar de toda intensidade de nossa voz, bem como suas nuances e sutilezas, precisamos cuidar dessa valiosa e poderosa fermenta que tem a capacidade de nos identificar, mesmo que não sejamos vistos.

CAPÍTULO 4
LOCUÇÃO PARA RÁDIO

Neste capítulo, vamos olhar para a locução de rádio. Antes, vamos ressaltar a sua importância, não pela visão de quem é a apaixonado pelo veículo, mas pelos números.

A Kantar Ibope Media é uma empresa de análise de mercado e medição de audiência de grande importância e renome no Brasil, sendo a principal fonte de pesquisa de audiência dos meios de comunicação utilizadas por veículos e pelo mercado publicitário. A empresa apresentou os resultados do estudo "Inside audio 2023", revelando que em 13 regiões pesquisadas, 80% da população brasileira sintoniza rádio, dedicando uma média de 3 horas e 55 minutos diários a esse meio. O levantamento destaca que, no primeiro semestre de 2023, 99% dos top 100 anunciantes do mercado brasileiro optaram pelo rádio como plataforma de divulgação. Além disso, 90% da população analisada consumiu algum formato de áudio, abrangendo rádio, música, streaming ou podcasts. O áudio vem passando por transformações significativas, incorporando diversas formas de entrega de conteúdo. A pesquisa aponta que 76% dos ouvintes reconhecem a modernização do rádio em termos de conteúdo e formatos, sendo que 38% afirmam que a opção de ouvir online enriqueceu sua experiência, representando um aumento em relação aos 30% registrados em 2022 (Kantar Ibope Media, 2023).

Podemos concluir que o rádio, bem como seus apresentadores e locutores, faz parte do cotidiano dos brasileiros, estando presente em grande parte de suas atividades no dia a dia.

O rádio hoje

No início deste livro, falamos da locução com o início da história do rádio. Hoje, o rádio está dividido por segmentos que nos ajudam a entender os caminhos da locução contemporânea. Em uma grande cidade como São Paulo, podemos destacar os seguintes segmentos:

- **Popular:** encabeçada por emissoras como Band FM, Nativa, Gazeta FM, Massa FM, entre outras.
- **Adulta ou adulta contemporânea:** rádios como Antena 1, Alpha FM, Nova Brasil e Eldorado.
- **All news:** no Brasil, são aquelas que se dedicam exclusivamente à transmissão de notícias, oferecendo uma programação 24 horas por dia focada em informação.

Algumas das principais emissoras All news no país incluem a CBN (Central Brasileira de Notícias), sendo essa a primeira emissora a operar em FM na capital paulista com uma programação totalmente voltada para informação. A estreia oficial da CBN FM São Paulo (90,5 MHz) ocorreu em dezembro de 1995, quando ocupou a frequência da extinta Rádio X FM. Fui o locutor responsável por fazer a transição de uma programação para outra. Outras emissoras do segmento são a BandNews FM e a Jovem Pan News. Na Jovem Pan ainda existem alguns espaços ocupados pela programação musical. A Rádio Bandeirantes mantém em sua grade um conteúdo jornalístico de credibilidade com uma variedade de formatos de programas: de notícias, debates, esportes e prestação de serviços, se adaptando para transmissão simultânea do tradicional AM 840 e no FM 90.9.

Essas emissoras têm o objetivo de manter os ouvintes atualizados sobre os acontecimentos nacionais e internacionais, cobrindo notícias, política, economia, esportes e outros temas relevantes. Além disso, costumam contar com equipes especializadas de jornalistas e comentaristas para garantir uma cobertura abrangente e análises aprofundadas. A maior parte de sua programação é conduzida por jornalistas que desempenham a função de apresentadores e repórteres. Os locutores aparecem geralmente nas vinhetas e nas chamadas da programação e identificação da emissora, e nos spots comerciais ou em alguns boletins e jornais, como o *Primeira hora*, da Rádio Bandeirantes. As rádios do segmento jovem (essas, em grande processo de transformação) são representadas por emissoras como MIX e Metropolitana.

Os segmentos citados têm suas variações de emissora para emissora no que diz respeito à estratégia de programação, locução e aos formatos de programas. Existem emissoras que se dedicam a temas específicos, como a 89 FM e a Kiss FM, dedicadas ao rock and roll; a Rádio Cultura, com uma programação voltada à música clássica; a Rádio USP, com diversos formatos de programas dos mais variados temas; a Energia 97 traz flashbacks e clássicos da dance music. O público, muitas vezes, em análises de números, se confunde nos critérios como idade, gênero e classe social, mas a especificidade dos temas dessas emissoras é o que as define, de fato.

O rádio jovem

Antes, o rádio jovem era como a trilha sonora da juventude, mas com o tempo, os hábitos mudaram. Os jovens de ontem, agora adultos, não sintonizam mais o rádio da mesma forma, e muitos dos jovens de hoje não ouvem rádio, ao menos, não pelo dial, e não o fazem da mesma maneira que faziam as outras gerações. O rádio era responsável pelos lançamentos musicais: as grandes novidades da música se tornavam conhecidas por meio do rádio; lançar uma música antes de outra emissora era quase um troféu para uma rádio.

Muitos DJs recebiam no aeroporto discos de vinil trazidos por pessoas que vinham de outros países e os levavam para as emissoras de rádio para fazer o lançamento de músicas, coisa que, com a internet e as plataformas digitais, ficou apenas na memória de quem viveu essa época.

Com essa segmentação já implantada no rádio, emissoras como Jovem Pan e Transamérica tornaram-se referência entre as rádios jovens mais ouvidas em São Paulo. Em meados dos anos 1990, a Nova FM de São Paulo se destacou como emissora do segmento jovem, trazendo uma plástica com vinhetas inovadoras, programas e esquetes de humor diferenciados, permanecendo assim até o início dos anos 2000, quando mudanças profundas foram feitas em seu estilo de programação.

Com a segmentação do rádio mais definida, a partir dos anos 1990, os locutores das rádios jovens tinham como característica uma locução mais dinâmica, bem mais rápida do que a feita nas rádios de hoje. A ideia era que se tocasse mais música, com menos interferência do locutor, que sempre falava para cima, em tom vibrante, acompanhando o ritmo das trilhas e vinhetas. Como as emissoras se adaptam para manter essa conexão e atrair novos ouvintes de uma geração que ouve menos rádio em comparação ao consumo de outras mídias?

MUDANÇA DE HÁBITOS

Anteriormente, falamos sobre como a nova geração consome as músicas e produções de áudio: a geração atual prefere escolher suas músicas e conteúdos on demand, migrando para plataformas de streaming e podcasts. Diante desse cenário, as emissoras investem em algumas estratégias de adaptação, como:

- 🎙 **Presença digital:** emissoras investem em presença online, oferecendo conteúdo digital atrativo e interativo nas redes sociais e em aplicativos próprios.
- 🎙 **Conteúdo on demand:** emissoras começaram a criar podcasts, trazendo entrevistas, conteúdos diversos e enquetes relevantes para o público "jovem adulto", proporcionando aumento do interesse dessa nova geração aos formatos oriundos do rádio.

- 🎤 **Integração com redes sociais:** emissoras denominadas jovens passaram a investir em interações em tempo real, conectando-se diretamente com a audiência por meio de participações online.
- 🎤 **Programação diversificada:** mesclam hits atuais com clássicos que marcaram gerações recentes. Algumas emissoras misturam em sua programação hits internacionais e sucessos do sertanejo, mantendo a identidade da emissora e atendendo às preferências ecléticas do público.
- 🎤 **Eventos:** a participação e a promoção de eventos voltados ao público jovem faz com que uma parcela desse público ouça essas emissoras em busca de participar dessas promoções. Além de parcerias com marcas alinhadas aos interesses dessa audiência, criam uma identificação com esse público, ainda que ele não se seja ouvinte tão assíduo do veículo rádio.

Essas estratégias buscam ir além do rádio convencional, criando uma experiência multimídia que se encaixa nos novos padrões de consumo dessa nova geração de ouvintes. O desafio está em se reinventar sem perder a essência, mantendo o público jovem adulto sintonizado.

A locução da rádio jovem

Já que nosso foco é a locução, vamos falar um pouco de como os locutores dessas rádios também tiveram que se adaptar ao novo perfil de ouvintes, que mescla os jovens de um passado recente com a nova geração a ser atraída para a ouvir a emissora. Manter a dinâmica e atender às demandas de diferentes gerações de ouvintes é um desafio diário para os locutores. Aqui estão alguns caminhos essenciais para se atingir esses objetivos:

- 🎤 **Conheça seu público:** cada segmento de rádio tem sua própria linguagem e seu estilo de comunicação, visando atingir o público-alvo da emissora. Ao conhecer seu público, um locutor pode adaptar sua linguagem para ser mais acessível, seja utilizando gírias modernas ou mantendo uma abordagem mais clássica, conforme apropriado.

- 🎙 **Relevância do conteúdo:** o que é importante para um grupo pode não ser para outro. Conhecer seu público permite que um locutor entregue conteúdo relevante para os ouvintes e de forma que seja amplamente compreendido. O locutor deve valorizar cada conteúdo levado ao ar, por mais simples que pareça ou mesmo que não seja de seu interesse. Devemos lembrar sempre que tudo que vai ao ar é feito para os ouvintes – e manter a atenção e o interesse da audiência é um desafio constante para os comunicadores, em qualquer mídia em que atue.

- 🎙 **Linguagem atualizada:** mantenha-se atualizado com as tendências de linguagem, gírias e expressões populares entre os jovens, mas evite exageros. Equilibre com uma linguagem mais clássica e atemporal para atender à audiência mais madura. Esteja aberto a mudanças na abordagem conforme se fizer necessário. As expressões populares mudam frequentemente; assim como elas surgem, desaparecem com a mesma facilidade. É importante manter a sua personalidade, mesmo sendo flexível e versátil na locução.

- 🎙 **Flexibilidade de estilo:** adapte seu estilo de locução para que seja acessível aos jovens ouvintes e àqueles que já acompanhavam a rádio. Adaptar o estilo de locução para ser acessível a ouvintes desse segmento misto requer uma abordagem equilibrada que respeite a diversidade de público. É importante manter-se atento às diferenças na forma de realizar a locução entre as emissoras do mesmo segmento: cada uma tem uma abordagem e uma concepção de locução, estrutura de programação e outros itens que a diferenciam, mesmo que estejam tentando atender ao mesmo público.

- 🎙 **Esteja ciente das mudanças culturais e evite estereótipos:** o respeito à diversidade cultural é fundamental para construir uma relação positiva com os ouvintes. Evitar estereótipos contribui para uma comunicação mais inclusiva. A cultura está em constante evolução; locutores atualizados culturalmente podem oferecer conteúdo mais relevante, conectando-se melhor com a audiência contemporânea.

- 🎤 **Mantenha-se conectado aos interesses do público-alvo:** manter-se atualizado sobre os assuntos de interesse dessa audiência é fator importante para a conexão, até para que o conteúdo levado ao ar pela emissora seja conduzido de forma natural aos ouvintes.

- 🎤 **Integre-se a novas tecnologias:** esteja presente em diferentes canais de comunicação online. As emissoras desse segmento, conforme já citado, investem muito na presença online e os locutores e locutoras são peças-chave para estabelecer parte importante dessa comunicação. Assim, é importante entender como atuar nessas plataformas de forma a se conectar com os ouvintes ou futuros ouvintes, tanto nos canais da própria emissora quanto nos seus canais como comunicadores.

Equilibrar a tradição com a inovação é a chave. Os locutores que conseguem navegar entre esses dois mundos se comunicam de forma mais rica e envolvente com essa audiência híbrida.

Simulação de linguagem na rádio jovem

É muito importante ouvir as emissoras com atenção, compreendendo cada ação dentro da sequência de locução. Assim, quando você ouvir o locutor abrindo o seu horário, por exemplo, poderá dividir em ações toda a estrutura utilizada para aquele momento da programação. Usarei aqui o exemplo de uma locução que ouvi recentemente em um emissora do segmento jovem muito importante na cidade de Campinas. Os nomes da rádio, do locutor e do programa são fictícios. O locutor abriu seu horário da seguinte forma:

[Após a vinheta do programa e da trilha]

E aí, galera, beleza? Uma super noite pra você, Cidão na área, mais um *Pede a sua* começando, e até a meia-noite você vai fazer o que faz de melhor, você vai sacar esse smartphone, vai gravar um áudio bem bonitão e mandar pra mim aqui [número de telefone], pede uma música legal, pra cima, bem da hora, manda também seus dados, nome completo e RG, porque quinze pra meia-noite vai rolar sorteio! "Tá" valendo hoje um par de convites para o cinema no [nome do shopping], vai pegar aquela tela por nossa conta e você vai acompanhado, vai bonito ou vai bem gata, pois leva também a camiseta Good Vibes, é a vinho que está em jogo, então participa, pede um som bem legal e "bora" começar.

Essa sequência de locução levou 40 segundos para ser realizada pelo locutor, que a fez de forma descontraída e coloquial. Na transcrição, procuramos preservar as palavras da forma como formam ditas, sem nenhum exagero de modulação de voz ou velocidade. Agora vamos ver quais ações de locução o locutor realizou nesses 40 segundos:

1. "E aí, galera, beleza? Uma super noite pra você": saudação ao ouvinte.
2. "Cidão na área": identificação do locutor.
3. "Mais um Pede a sua começando": identificação do programa.
4. "Até a meia-noite você vai fazer o que faz de melhor, você vai sacar esse smartphone, vai gravar um áudio bem bonitão e mandar pra mim aqui [número de telefone], pede uma música legal, pra cima, bem da hora, manda também seus dados, nome completo e RG": chamada para ação, explicando o conteúdo e a dinâmica do programa.

5. "Porque 15 pra meia-noite vai rolar sorteio, tá valendo hoje um par de convites para o cinema no [nome do shopping], vai pegar aquela tela por nossa conta e você vai acompanhado, vai bonito ou vai bem gata, pois leva também a camiseta Good Vibes, é a vinho que está em jogo, então participa, pede um som bem legal": incentivo à participação com premiação ao ouvinte.
6. "'Bora' começar": inicia a parte musical do programa de forma objetiva.

Note que essa é uma forma de se estudar a locução de qualquer segmento, compreendendo a sequência lógica da linguagem. Você pode reproduzi-la e praticá-la, mantendo a sua personalidade e tendo uma boa base de ações de locução em cada uma delas. É importante notar que algumas partes dessa estrutura não têm ordem exata. Se você ouvir o mesmo programa na apresentação de outro locutor, ele poderá primeiro saudar o ouvinte e depois se apresentar, ou até mesmo, dependendo do estilo do programa, inserir mais algumas ações nessa sequência. Tudo vai depender do padrão preestabelecido pela rádio.

Vamos nos concentrar nessa mesma emissora, analisando a forma como o locutor desanunciou[1] o bloco musical.

92 FM, aqui é bem melhor, o som de Justin Bieber, Beautiful Love, tema do Jogo *Free Fire*, aqui na programação da 92 FM. E se você ainda não está seguindo a 92 FM no Instagram eu recomendo, @92fm, tem um monte de promoções rolando e tem uma que é especial do dia dos namorados, pra você ganhar uma bike e seu amor também, pra vocês pedalarem juntos, cola lá, o post está fixado, é só você ler tudo direitinho, que é super fácil de você participar! Está esperando o quê?"

---

[1] Na locução, o termo "desanunciar" refere-se ao momento em que o locutor diz o nome da música que acabou de tocar.

Essa ação durou 27 segundos no ar e o locutor juntou o desanúncio de músicas com uma promoção, de forma descontraída. Vamos olhar melhor para essas ações de maneira isolada:

1. "92 FM, aqui é bem melhor": nome e slogan da rádio.
2. "O som de Justin Bieber, Beautiful Love, tema do jogo Free Fire, aqui na programação da 92 FM": nome da música e uma breve informação sobre ela.

Aqui, o locutor desanunciou a música de forma breve e direta, partindo, na sequência, para a promoção. Agora, vamos imaginar que ele fosse partir para um break comercial e não falasse sobre a promoção. Ele poderia deixar uma antecipação para o ouvinte; caso não quisesse somente informar o nome da música, poderia anunciar algo por vir na programação, como: "Daqui a pouco tem mais participações aqui no Pede a sua" ou "Daqui a pouco tem promoção aqui na 92 FM". Isso pode ter sido opção do locutor ou da rádio, que pode estipular que as falas sobre promoções sejam feitas como no exemplo, ao final de cada bloco, ou após certo número de músicas tocadas.

A locução, nesse caso, foi feita de improviso em cima dos tópicos da promoção, o que podemos notar pela naturalidade com a qual o locutor trabalhou. Vamos dividi-la em pequenas ações apenas para facilitar o entendimento:

1. "Se você ainda não está seguindo a 92 FM no Instagram, eu recomendo, @92fm": uma breve provocação ou estímulo para chamar a atenção para a promoção, informando, na sequência, a rede social da rádio.
2. "Tem um monte de promoções rolando e tem uma que é especial do dia dos namorados": anuncia a promoção principal do Instagram da rádio.
3. "Para você ganhar uma bike e seu amor também, para vocês pedalarem juntos": informa ao ouvinte o objetivo principal da promoção, o prêmio que o ouvinte irá ganhar.
4. "Cola lá, o post está fixado, é só você ler tudo direitinho, que é super fácil de você participar! Está esperando o que?": finaliza com uma chamada para ação, explicando ao ouvinte como ele pode participar.

DICA DE MESTRE

Hermann Stipp, ator, dublador e locutor da rádio MIX – uma das redes de rádio mais importantes no segmento jovem – há mais de 20 anos, comenta sobre as mudanças no perfil de locução nesse segmento.

Para Stipp, no passado, as emissoras jovens tinham a obrigação de se diferenciar das emissoras populares, e sua característica de locução estava na velocidade da fala e em ter o locutor falando sempre "dois tons acima e dando o recado no menor espaço de tempo, priorizando as músicas a serem tocadas". Stipp enfatiza que atualmente a comunicação é fundamental e que, embora a locução seja dinâmica, não mais há a necessidade de se falar rápido, e falar "dois tons acima" na voz passou a ser secundário. Agora é mais importante ter uma voz bem colocada e poder de síntese: o foco é se fazer entender. O antigo locutor de rádio jovem passou a ser um comunicador que, com a linguagem adequada, conversa com seus ouvintes. Ele destaca, ainda, que a imagem, ou seja, a presença de uma câmera, hoje comuns em muitos estúdios de rádio, aproxima o ouvinte do locutor, além de destacar que a fala coloquial, ou seja, em tom de conversa, é uma realidade também em outros segmentos, como a locução publicitária.

* Relato obtido em entrevista informal com Hermann Stipp por meio de chamada de voz em 12 jan. 2024.

Podemos notar que todas as informações que o ouvinte precisa saber para participar estão presentes nessa chamada. O locutor poderia ter invertido a ordem ou até mesmo incluído um ou outro componente de linguagem, mas realizou a locução de forma objetiva, espontânea e bastante clara, estimulando o ouvinte a participar da promoção.

Essa fórmula pode ser utilizada também em rádios de outros segmentos, o que muda é apenas a linguagem e a abordagem, que devem ser adequadas ao público. Fica a sugestão: ouça as emissoras com as quais você se identifica em relação ao estilo de locução. Grave o áudio da programação e faça a análise de cada ação e interferência do locutor, identificando como você poderia realizar a mesma ação do seu jeito, respeitando o estilo de locução do segmento e o padrão de cada emissora.

Segmento adulto contemporâneo

Assim como as emissoras do segmento jovem, as rádios AC (adulto contemporâneo) também passaram por mudanças em seu conceito de programação, promoção e locução. A evolução das preferências e do comportamento do público influenciou significativamente as mudanças na concepção das rádios do segmento adulto ao longo dos anos. Vamos abordar alguns desses aspectos.

A transição de gerações trouxe consigo uma alteração nas expectativas dos ouvintes. As gerações mais recentes valorizam uma comunicação mais acessível e próxima. A ascensão da era digital e das redes sociais promoveu uma cultura de compartilhamento mais pessoal, em que as pessoas buscam uma comunicação mais próxima e menos formal. O estilo de vida moderno é mais dinâmico, assim, as rádios adaptaram sua abordagem para acompanhar esse ritmo, proporcionando algo mais leve ao dia a dia dos ouvintes e permitindo que eles façam suas múltiplas tarefas enquanto ouvem rádio.

A ampliação na variedade de conteúdo demandou uma abordagem mais flexível e versátil por parte de seus comunicadores e comunicadoras para atender às diferentes demandas culturais de seus ouvintes. A busca de uma comunicação mais humanizada e empática é uma tendência. O público valoriza relações mais próximas, mesmo na esfera midiática. A valorização da expressão individual e da autenticidade levou as rádios a adotarem uma linguagem mais acolhedora e menos formal. A plástica tornou-se mais dinâmica e moderna: vinhetas e elementos sonoros mais melódicos e harmoniosos contribuem para criar uma atmosfera envolvente.

A ampla oferta de plataformas de entretenimento aumentou a disputa por audiência entre as emissoras, pois existe a possibilidade de ouvir rádios de várias localidades, além do conteúdo diferenciado das plataformas de streaming de músicas. As rádios buscam se destacar oferecendo uma experiência única e atrativa também pelas plataformas digitais. Alguns institutos de pesquisa já consideram a medição de audiência por meio do dial e do streaming.

Atualmente, as empresas têm foco na experiência de seus clientes – e com as emissoras de rádio isso não é diferente: a experiência do ouvinte tornou-se uma prioridade; e a linguagem, mais leve e dinâmica, é uma estratégia para criar uma espécie de fidelidade dessa audiência, tornando o ouvinte mais próximo da emissora.

Esses fatores coletivos têm contribuído para a mudança de concepção, tornando as rádios AC mais alinhadas com a nova demanda de público e suas expectativas. As emissoras do segmento AC procuram mesclar sucessos de diferentes décadas, proporcionando uma experiência musical diversificada. Algumas se dedicam a sucessos nacionais e internacionais, outras optam por um desses gêneros, com músicas que marcam gerações e as regravações dessas, o que traz clássicos com outra roupagem para unir o tradicional ao moderno.

O conteúdo dessas emissoras traz, além de informações sobre músicas e artistas de sua programação, um jornalismo com informações variadas de forma dinâmica e prática para manter o ouvinte atualizado. Algumas emissoras abordam temas relevantes em formato de programas ou boletins, trazendo assuntos como carreira, relacionamentos, saúde e bem-estar, moda e conteúdo coorporativo de entretenimento, atendendo, assim, a uma variedade de interesses desse público, além da programação musical.

Essas rádios utilizam as redes sociais e plataformas digitais para manter uma presença online forte, publicando vídeos que mostram a rotina da emissora, destaques musicais de sua programação ou até podcasts, explorando de forma mais ampla alguns dos temas acima citados. Além disso, a presença de seus locutores e locutoras em suas redes sociais tornou-se constante. Tudo isso fez aumentar a participação dos ouvintes interagindo diretamente com a programação da emissora.

Todas essas mudanças e inovações nas rádios AC mudaram também o perfil do profissional da locução, que antes era formal e hoje é mais comunicativo, fala diretamente ao ouvinte e estabelece um elo importante entre a audiência e os objetivos da emissora, sem perder a classe e a sofisticação características desse tipo de rádio, mas de uma forma muito mais descontraída e natural.

Preparar-se para se tornar um bom locutor de rádio AC vai além do curso de locução, que dará uma visão geral e ajudará com os fundamentos básicos dessa atividade, bem como concederá o direito de obter o registro profissional obrigatório para exercer a profissão de locutor. Mais à frente falaremos sobre esse assunto de forma mais detalhada.

Essa preparação envolve a incorporação de características específicas desse segmento. Entender os gostos, os interesses e as expectativas do seu público-alvo; manter-se atualizado sobre as tendências e as preferências da audiência, conhecendo também o estilo musical, bem como artistas frequentes nessas programações ajudará na pronúncia correta de nomes e títulos de músicas (muitas vezes não muito comuns), bem como a obter informações relevantes que poderão ser utilizadas durante a programação. É importante ficar atento às últimas novidades da cultura pop, como filmes, séries programas de TV, livros e eventos.

Ao desenvolver esses conhecimentos, o locutor se torna mais do que um apresentador de músicas: ele enriquece a experiência do ouvinte, conectando-se de maneira significativa com o público-alvo da emissora.

Já falamos aqui sobre como a linguagem específica de cada segmento de rádio é fundamental o sucesso das emissoras, mas vale lembrar mais uma vez, pois a análise da linguagem utilizada em rádios desse ou de qualquer outro segmento é um dos fatores mais importantes para o locutor ou a locutora.

Observe a informalidade, a proximidade na comunicação, a leveza no tom de voz, a inflexão de sorriso, as expressões mais comuns utilizadas na locução desse segmento e, conforme já mencionamos anteriormente, adeque tudo isso ao seu estilo, adaptando a proposta da emissora que você está analisando ao segmento que você está estudando.

Desenvolva uma expressividade que transmita simpatia e naturalidade, sem exageros que possam tornar sua locução artificial. Os ouvintes dessas emissoras apreciam uma comunicação mais sutil e refinada. Esteja aberto a mudanças e ajustes na sua abordagem. A flexibilidade é crucial para acompanhar as evoluções e as mudanças que ocorrem no perfil de comunicação das emissoras de rádio. Esteja envolvido no contexto cultural e social. Faça referências que ressoem com a audiência e mostre-se atento aos acontecimentos relevantes.

TREINAMENTO CONTÍNUO

A prática constante é fundamental. Ao aplicar essas dicas e se manter atualizado, você estará no caminho certo para se tornar um bom profissional da locução. Neste livro, falamos várias vezes sobre a importância da linguagem em qualquer veículo de mídia. Por mais que os comunicadores se utilizem de improviso e imponham sua personalidade ao se comunicar, é fundamental que se tenha uma estrutura, muitas vezes já preestabelecida pelo próprio veículo. Existe um padrão a ser seguido em todos os veículos de comunicação, mas seguir esse padrão com criatividade e personalidade é o que destaca um comunicador dos demais.

A seguir, iremos propor algumas simulações como base para prática da sua locução de rádio, mas em cada um dos três gêneros escolhidos para isso, ressaltamos a importância da criatividade, que é o que diferencia um comunicador dos outros e traz para perto o seu ouvinte. A criatividade na linguagem do locutor de rádio pode capturar a atenção dos ouvintes, mantendo-os interessados e envolvidos com o conteúdo apresentado. Isso aumenta o engajamento e a fidelidade da audiência ao seu programa ou horário.

Simulação de linguagem na rádio AC

No segmento adulto, existem algumas ações básicas dentro de uma programação. Não vamos detalhar cada uma delas, porém é importante citar algumas entre as mais comuns e mostrar como podem ser executadas na locução.

Mais uma vez, antes da simulação, vamos insistir no item "criatividade", pois uma linguagem criativa torna a mensagem memorável para os ouvintes, o que contribui para uma comunicação eficaz e para a construção de proximidade entre o locutor e o público.

ABERTURA DE HORÁRIO

Na abertura de horário, o locutor se apresenta de forma geral, mencionando o nome ou slogan da rádio, saudando o ouvinte e apresentando o próprio nome. Nas emissoras de segmento adulto contemporâneo, seja próximo do ouvinte, simpático, tenha sorriso na voz, mas evite uma apresentação excessivamente íntima, para manter um tom profissional.

Mantenha-se alinhado ao padrão da emissora. Por exemplo, existem emissoras nas quais o locutor não fala o seu nome, e em outras, o locutor se apresenta ao menos uma vez a cada hora. Em algumas emissoras, todas as apresentações são feitas na introdução da música ou em uma trilha específica, então siga o padrão já estabelecido pela emissora. Por exemplo, na 94 FM: "para quem gosta de música"; "ótima segunda-feira pra você"; "a partir de agora até o meio-dia, a apresentação é de Carlos Junior."

Notem que aqui existem algumas ações básicas, como: identificação do locutor; identificação da emissora; dia da semana. Essas ações podem ser feitas de várias formas, de acordo com o perfil padrão da emissora. Você pode ainda adicionar: tempo, temperatura ou alguma informação relevante sobre aquele dia (por exemplo, se é um feriado ou uma data comemorativa). Você pode inserir informações sobre a programação, como detalhes da primeira música a ser tocada, informações sobre o artista, ou ainda, antecipar músicas ou quadros da programação que estão por vir. Vamos simular aqui uma abertura mais completa.

> Olá, bom dia, essa é a 94 FM, "para quem gosta de música". Eu sou Carlos Jr., te faço companhia até o meio-dia nessa segunda-feira, dia 20 de novembro de 2023. Hoje é feriado, Dia da Consciência Negra, espero que você aproveite muito o seu dia. Aqui você ouve os grandes nomes da música nacional e internacional e daqui a pouco tem dicas de lazer e cultura para o seu feriado em São Paulo. Para abrir essa hora, tem esse grande artista que está chegando ao Brasil em 2024: Ed Sheeran! ♪

O tempo médio para uma abertura como essa é de aproximadamente 30 segundos. Vamos enumerar as ações contidas nessa abertura de horário:

1. "Olá, bom dia, essa é a 94 FM, 'para quem gosta de música'": **saudação ao ouvinte, identificação da rádio e slogan da emissora.**
2. "Eu sou Carlos Jr., te faço companhia até o meio-dia nessa segunda-feira, dia 20 de novembro de 2023": **identificação do locutor, com data, informações sobre o dia e saudação cordial ao ouvinte.**

3. "Aqui você ouve os grandes nomes da música nacional e internacional": antecipação dos gêneros musicais que serão tocados.
4. "Para abrir essa hora, tem esse grande artista que está chegando ao Brasil em 2024: Ed Sheeran": anúncio da música com informações breves sobre o artista.

Seguimos o padrão básico e dinâmico mesmo para uma abertura mais completa, porém cada rádio tem seu formato e padrão. Algumas emissoras tem até um manual de procedimentos para cada ação e interferência do locutor, com a sequência bem estabelecida pela coordenação artística da emissora.

É importante observar também que algumas emissoras inserem chamadas para ação – quando o locutor pede aos ouvintes que façam algo, como acessar um site ou as redes sociais, pedir músicas ou que participem de alguma outra forma por meio dos canais de comunicação da rádio.

ABERTURA DE PROGRAMA

Abra o programa de forma direta e objetiva, indicando o nome, a atração e a duração. Anuncie a música, se for parte do padrão da emissora. Por exemplo:

Começando mais uma edição do *Mais Brasil*, uma hora de música sem intervalos, com o melhor da MPB. Para começar, tem Caetano Veloso. ♪

Aqui, identificamos as seguintes ações de locução, que geralmente seguem logo após a vinheta do programa e poderiam ser feitas em uma trilha específica ou até na introdução da música, caso o tempo fosse suficiente:

1. "Começando mais uma edição do Mais Brasil": **identificação do programa.**

2. "Uma hora de música sem intervalos, com o melhor da MPB": sobre o programa, ou seja, quais as suas atrações.
3. "Para começar, tem Caetano Veloso": a primeira atração, que é uma música (o locutor anunciou apenas o nome do artista).

É possível, ainda, realizar as ações de abertura da hora ou até mesmo do horário junto à abertura do programa, mesclando ações das duas locuções.

DESANUNCIANDO MÚSICAS

Mais uma vez, temos de ficar atentos ao padrão de cada emissora em relação a essa ação tão comum em emissoras musicais, que é "desanunciar" músicas. Vamos sugerir aqui um padrão apenas como ponto de partida. Comece com o nome da rádio e o slogan, seguindo diretamente ao nome da música – procure evitar expressões que prolonguem a fala, como "você acabou de ouvir".

Se o bloco musical pertencer a um programa, mencione o nome após o slogan ou no final da locução. Por exemplo:

94 FM, para quem gosta de música. *Mais Brasil* e Marisa Monte – "Depois", Emílio Santiago – "Saigon" e Caetano Veloso – "Lua e Estrela". Daqui a pouco tem *Estilo de vida* aqui na 94 FM, agora 3:22 [três e vinte e dois].

Vamos detalhar as ações aqui contidas.

1. "94 FM, 'Para quem gosta de música'": nome da rádio e slogan.
2. Mais Brasil: nome do programa.
3. "Marisa Monte – 'Depois', Emílio Santiago – 'Saigon' e Caetano Veloso – 'Lua e Estrela'": nomes das músicas, começando pela última a ser tocada na

sequência. O número de músicas a serem desanunciadas depende de cada emissora. Algumas desanunciam somente a última, outras as duas últimas, e algumas emissoras optam por desanunciar apenas o nome do artista.

4. "Daqui a pouco tem Estilo de vida aqui na 94 FM": antecipa uma atração que será apresentada em breve na rádio.
5. "Agora 3:22 [três e vinte e dois]": a hora, em formato dinâmico.

Essa ação levou em média 13 segundos e pode ser feita nos momentos finais da música, sobre uma vinheta como BG[2] (background). Algumas emissoras têm uma vinheta com uma janela de tempo para o locutor falar até entrar a vinheta cantada ou falada à capela, ou seja, a vinheta sem nenhum BG, ou ainda, sobre uma trilha mais longa, caso o locutor siga com outro conteúdo da programação.

IMPROVISO EM CHAMADAS OU TEXTOS PROMOCIONAIS

Em situações de improviso, siga uma regra simples: informar todos os detalhes importantes, geralmente em tópicos, seja um texto promocional ou um texto artístico da emissora. Os textos promocionais referem-se a promoções, quando a rádio presenteia o ouvinte com algum prêmio ou pede a inscrição do ouvinte para algum sorteio ou outra ação. Textos artísticos são aqueles que divulgam a programação da emissora, seus programas, quadros, boletins e outras atrações. Exemplo:

Neste sábado, às 21:00, você tem um encontro marcado com os grandes sucessos da disco music, 94 *Disco Dance*. Uma seleção especial com os maiores sucessos da disco music mixadas pelo DJ Marcelo Duran para

---

2 O termo BG, ou background, refere-se ao fundo musical ou base instrumental de vinheta utilizado enquanto o locutor fala.

você dançar a noite toda. *94 Disco Dance*, neste sábado, às 21:00, aqui na 94 FM. ♪

Se dividirmos essa chamada em pequenas ações dentro do texto, ficará assim:

1. "Sábado, às 21:00": quando.
2. "Você tem um encontro marcado com os grandes sucessos da disco music": conteúdo.
3. "94 Disco Music": nome do programa.
4. "Uma seleção especial com os maiores sucessos da disco music mixadas pelo DJ Marcelo Duran para você dançar a noite toda": incentivo.
5. "94 Disco Dance, neste sábado, às 21:00, aqui na 94 FM": reforço.

A ordem não é obrigatória para uma chamada como essa, porém os componentes são importantes para que os ouvintes compreendam a mensagem de forma clara e breve.

Você pode experimentar inverter a ordem desses elementos e criar uma chamada semelhante para praticar o desenvolvimento de linguagem e locução, vamos tentar? Crie os tópicos e faça a locução de improviso, prestando atenção ao tempo da chamada (aproximadamente 30 segundos) e à clareza da informação. Experimente colocar um toque pessoal a essa locução, tornando-a mais atraente aos ouvintes.

Você pode utilizar essa estrutura como base para chamadas de rádio de outros segmentos, mas atente-se à linguagem, pois a estrutura pode até ser parecida, porém, a linguagem e a abordagem em cada segmento de rádio são diferentes, conforme já dissemos aqui, dada a especificidade do público ouvinte de cada um.

VOLTANDO DO BREAK

Ao voltar do break, a emissora pode sugerir que o locutor use uma vinheta ou trilha como BG. No caso de uma vinheta, ela funcionará no sistema de "janela", em que o locutor fala somente na parte instrumental, ou ir diretamente para a música depois dela. Nesse espaço, você pode anunciar o programa ou a música. Exemplo:

De volta com o *Top 100* da 94 FM. Na posição de número 35, a gente ouve Beyoncé – "Disappear". ♪

Essa locução teve em média 8 segundos e, por ser objetiva, teve poucas ações:

1. "De volta com o Top 100 da 94 FM": situar que o programa em questão continua identificando a rádio e o programa.
2. "Na posição de número 35, a gente ouve Beyoncé – 'Disappear'": anunciar a atração do momento (no caso, a música a tocar em seguida).

Existem inúmeras ações dentro da programação de uma emissora desse ou de outro segmento. Essas são algumas das mais comuns, para que você possa praticar e desenvolver seu estilo, bem como a linguagem nesse gênero de rádio.

Ouvir rádio é uma forma de aprimorar seu desempenho e se familiarizar com a linguagem radiofônica, principalmente se você tem interesse em enviar um registro de voz – o chamado "piloto" – para alguma emissora específica. É muito importante ouvir os locutores e locutoras que estão no ar e entender como eles apresentam as ações dentro da programação dessa rádio.

DICA DE MESTRE

Vanessa Calheiros é uma das vozes mais conhecidas e respeitadas neste segmento de rádio, atuando por muito tempo na Alpha FM – emissora que, desde sua inauguração, mantém apenas mulheres em sua equipe de locução ao vivo – e na locução e coordenação artística da rádio Antena 1 de São Paulo – talvez, a emissora mais tradicional nesse segmento na capital paulista.

Sobre o perfil do profissional das rádios AC nos dias de hoje, Calheiros diz que muitos profissionais iniciantes e locutores que vêm de outros segmentos ainda veem a locução nesse estilo de rádio da forma como se fazia antigamente, nos anos 1980 e 1990: formal, séria e com um padrão de voz mais grave e colocado. Ela lembra que hoje a locução é conversada e coloquial, dando um ar de proximidade com o ouvinte e de leveza na fala.

Locutores e locutoras de rádios desse segmento devem estar muito antenados de forma geral, conhecer todo o universo que compõe a programação musical e o contexto da emissora e, acima de tudo, do público. Calheiros comenta que há uma linha tênue entre falar para as novas gerações de ouvintes, que ouvem músicas de sucesso no mundo todo, e ouvintes de outras gerações; e fazer uma locução que conecte esses dois universos é um desafio aos locutores, que precisam estar atualizados sobre os mais variados assuntos – política, cinema, música, cultura em geral –, pois, em muitos momentos, a expertise desse locutor, ao colocar um contexto na programação musical, é fundamental para que haja essa conexão da emissora com todas as gerações de ouvintes.

Por exemplo, a rádio vai tocar uma música da artista Taylor Swift, ícone pop atual, e na sequência, uma música de Frank Sinatra, sucesso de décadas atrás, mas que faz parte da trilha sonora de um filme atual

– Coringa, da DC Comics. O locutor precisa contextualizar e situar o ouvinte de que aquela música faz parte da trilha do filme, ou seja, permitir ao ouvinte de outra geração entender que, de certa forma, aquela canção se tornou atual.

Calheiros orienta, ainda, a qualquer profissional da locução que pretenda fazer um piloto para uma rádio de qualquer segmento, que ouça às rádios e entenda quais são os públicos com os quais elas falam, os padrões de locução, como os locutores atuam e de que forma se comunicam com esses públicos. Assim, as referências desses segmentos de rádio se renovam e, certamente, as chances de gravar um bom piloto também.

---

* Relato obtido em entrevista informal com Vanessa Calheiros por meio de chamada de vídeo e troca de mensagens em 13 jan. 2024.

Rádios do segmento popular

Vamos falar um pouco do universo das rádios populares, que, segundo os institutos de pesquisa que apuram a audiência das emissoras, é o segmento que detém o maior número de ouvintes. Essas emissoras apresentam uma programação diversificada, abrangendo estilos como sertanejo, samba, pagode, forró e outros gêneros populares. O foco está nos sucessos mais recentes e nas músicas que estão em destaque no cenário musical. A programação é atualizada frequentemente para acompanhar as tendências e aumentar o interesse do público que liga o rádio para ouvir os sucessos.

A interação dos ouvintes é constante, seja participando dos programas ao vivo, gravando mensagens de áudio, participando de promoções que presenteiam com ingressos (para shows, cinema, parques) e prêmios (como eletrodomésticos e até o pagamento de contas), além de ações patrocinadas em que os anunciantes presenteiam os ouvintes com seus produtos ou serviços.

Os locutores adotam uma abordagem amigável e muito próxima do público, usando uma linguagem acessível e descontraída, sempre com um sorriso presente na voz e fazendo a locução como se fosse uma conversa animada – umas das características dos locutores desse segmento é demonstrarem estar sempre felizes no ar.

Adjetivar promoções, artistas e músicas, dentre outros itens da programação, é uma característica muito comum a esses locutores. É comum ouvi-los falando: "Daqui a pouco tem um presentão para você aqui na nossa rádio". Ou, ainda: "Você vai ganhar essa linda camiseta de presente". O uso de expressões carinhosas com os ouvintes também é bastante comum: meu amor, querida, meu amigão, minha linda, e o que mais a criatividade permitir. Tudo isso para criar um clima intimista e próximo do ouvinte.

PROGRAMAS ESPECÍFICOS POR GÊNERO

Além da programação geral, podem existir programas dedicados a gêneros específicos, como humor, programas interativos (que trazem enquetes, temas atuais, dentre outros). Há emissoras que ainda mantêm programas com músicas românticas no período noturno, em que o locutor usa um tom de voz mais envolvente para criar um clima romântico. Há, também, programas com estilos variados de música, como forró, pagode, funk, sertanejo e sertanejo raiz.

As vinhetas são animadas e marcantes, frequentemente usadas para identificação da rádio em todas as ações da programação. É comum que essas emissoras utilizem vinhetas na introdução de músicas, gravada com a voz do próprio artista ou pelo vocal das vinhetas da rádio, criando uma atmosfera festiva e marcando de fato o nome da rádio para os ouvintes.

A participação dessas rádios é muito forte em shows e festas, com promoções que envolvem os artistas que fazem parte de sua programação. Muitos desses eventos envolvem a presença de vários artistas no mesmo dia, além dos locutores, que funcionam como animadores e apresentadores da festa e que, dependendo de sua popularidade, também são uma atração para os ouvintes, que vão aos eventos e aproveitam para conhecê-los.

Várias emissoras populares mantêm quadros ou programas de entrevistas que, muitas vezes, são transmitidos por streaming ou disponibilizados em plataformas de áudio ou vídeo, com artistas da programação que são presença constante nas rádios, para divulgar seu trabalho e fortalecer a parceria com essas emissoras. Elas têm, ainda, blocos ou momentos informativos que trazem informações variadas (como as condições do trânsito, a temperatura, curiosidades do meio artístico, informações do transporte público e outras de interesse geral). É importante notar que há uma variedade imensa de ações de locução nessas emissoras, o que exige muita atenção e naturalidade de seus locutores, que são comunicadores e fazem a diferença entre uma emissora ou outra, pois com programações musicais muitas vezes semelhantes, a presença do comunicador atrai a atenção e cria fidelidade dos ouvintes com a emissora.

A principal característica para um comunicador de rádio FM popular é a capacidade de estabelecer uma conexão autêntica com os ouvintes. Esse comunicador deve ser capaz de transmitir uma energia positiva o tempo todo, evitando a formalidade e adotando uma abordagem amigável e descontraída. Além disso, a habilidade de se adaptar ao perfil da emissora, utilizando expressões carinhosas e criativas, de forma espontânea, é crucial para criar uma atmosfera envolvente. A interatividade com os ouvintes, a participação em eventos ao vivo e a capacidade de proporcionar sensação de proximidade com a audiência são características essenciais para o sucesso como comunicador de rádio FM popular.

Citamos muitas vezes as expressões "naturalidade" e "criatividade" que, aliadas ao carisma do comunicador, aproxima o ouvinte. As rádios populares têm seu padrão de linguagem e esse padrão tem suas variações, muitas vezes sutis, porém perceptíveis, em cada emissora. Considerando todas as diferenças de perfis de programação no universo de rádios populares e as respectivas diferenças entre as emissoras, vamos sugerir um modelo de ações de locução para que você possa praticar e se desenvolver nesse segmento, ressaltando sempre que estudar as emissoras ouvindo as rádios, comparando os estilos e, principalmente, analisando os locutores, é algo indispensável para quem almeja uma colocação na atividade de locutor de rádio.

Vamos ao nosso roteiro, mas antes, algumas considerações. Muitas vezes falamos em improvisar, ou seja, criar na hora. No rádio, isso é fundamental, pois o improviso gera naturalidade, descontração ao falar e caracteriza a condição de conversa com o ouvinte. Improvisar significa falar o que vier à cabeça? Abrir o áudio do microfone e falar à vontade, sem regras, limites de tempo ou qualquer linha de raciocínio? Por tudo que já mencionamos aqui, já sabemos que a resposta é não, pois estruturar o que será dito é o que nos deixa à vontade para ser comunicadores eficientes.

Existem várias situações nas quais teremos de improvisar no rádio: nas aberturas de programa, em entrevistas, na apresentação de textos comerciais ou promocionais ao vivo e em várias outras situações. Para atender alguns requisitos, como linguagem radiofônica, linguagem adequada ao público-alvo da rádio, interação com a plástica da emissora, tempo e objetividade do rádio, precisamos seguir alguns parâmetros para desenvolver linguagem e improviso coerentes.

Não existem regras claras para o desenvolvimento dessa linguagem; nada é proibido, mas nem tudo é permitido. Por isso, devemos ficar atentos:

- À proposta da emissora.
- Ao público para quem estamos falando.
- À linguagem específica de cada segmento de rádio.
- Ao padrão estabelecido por cada emissora.
- Às características do programa.

Para quem está começando a se desenvolver como comunicador de rádio e quer se aperfeiçoar em um estilo específico, sugerimos ouvir tecnicamente os locutores que atuam nas emissoras do estilo, dividindo em ações cada parte da locução realizada e tentar reproduzir as ações colocando palavras e expressões que caibam na linguagem do segmento, mas que, ao mesmo tempo, sejam familiares ao comunicador, e passem ao ouvinte essa naturalidade.

Simulação de locução na rádio popular

Antes de iniciar, vamos lembrar mais uma vez da importância da criatividade, pois, utilizando uma linguagem criativa, o locutor pode elaborar uma identidade única para o programa de rádio ou estação, diferenciando-se da concorrência. Isso ajuda a construir uma marca forte e reconhecível, que pode se destacar em meio a tantas vozes e programações semelhantes. A abordagem a seguir serve como base e para o desenvolvimento dessa linguagem do segmento popular, em que o diferencial é a personalidade e a capacidade de criação de cada comunicador, que tem liberdade para criar seu estilo de comunicação dentro do padrão da rádio e usar a criatividade para conquistar os ouvintes. Utilizaremos aqui uma emissora fictícia chamada 92 FM.

ABERTURA DE HORÁRIO OU HORA

♪
92 FM, olá, bom dia! Aqui é Ivan Campos, até as duas da tarde te faço companhia nessa terça-feira de sol e calor, 35 graus, não se esqueça de tomar bastante água! E agora é hora de você ganhar prêmios na 92 FM... ♪

Essa locução durou em média 15 segundos. Esse tempo pode ser maior ou menor a depender do perfil da emissora, pois embora populares, algumas podem ser um pouco mais objetivas, enquanto outras incentivam um pouco mais a comunicação de seus apresentadores. Ações contidas nessa abertura:

1. "92 FM, olá, bom dia!": **saudação ao ouvinte.**
2. "Aqui é Ivan Campos, até as duas da tarde te faço companhia": **identificação do locutor.**
3. "Nessa terça-feira de sol e calor, 35 graus, não se esqueça de tomar bastante água": **faz referência ao dia da semana e ao tempo, além de dar um toque mais pessoal ao lembrar os ouvintes de que tomem água.**
4. "E agora é hora de você ganhar prêmios na 92 FM": **convida o ouvinte a participar para ganhar prêmios.**

É bastante frequente a informação da hora certa em uma abertura de horário como essa. Em emissoras que transmitem via satélite, muitas vezes, a hora é dita no bloco local para que não haja conflitos com os fusos horários de outras praças.

ABERTURA DE PROGRAMA, QUADRO OU PROGRAMETE

Entra após a vinheta de identificação do programa, que, para a nossa simulação, vamos chamar de *Rodeio 92*.

E a partir de agora começa mais um *Rodeio 92*, com o melhor do sertanejo até as oito da noite pra você aqui na 92 FM. Participe do *Rodeio 92* pedindo a sua música, mandando um abraço, um beijo ou um bom dia pra quem você quiser por meio do nosso WhatsApp [número do telefone] e você concorre a um par de ingressos para o cinema mais camiseta 92. Então participe com a gente e boa sorte! Pra começar o nosso *Rodeio*, tem a eterna Marília Mendonça.

Uma ação como essa dura em média de 25 a 30 segundos. Ações contidas nessa abertura:

1. "E a partir de agora começa mais um Rodeio 92 com o melhor do sertanejo até as oito da noite pra você aqui na 92 FM": **identificação do programa**. Se necessário, descrever com mais detalhes caso seja novidade na programação ou se trate de tema específico, principalmente se não for diário.
2. "Participe do Rodeio 92 pedindo a sua música, mandando um abraço, um beijo ou um boa noite pra quem você quiser por meio do nosso WhatsApp": **chamada para ação**; indicando os canais de comunicação (telefone, WhatsApp, redes sociais).
3. "Você concorre a um par de ingressos para o cinema, mais camiseta 92": **por se tratar de uma promoção, apresenta o prêmio ao ouvinte.**
4. "Então participe com a gente e boa sorte!": **incentivo da chamada de ação** de forma objetiva. Se a fórmula ou o estilo do programa ou quadro permitirem, aprofundar esse reforço.

5. "Pra começar o nosso Rodeio, tem a eterna Marília Mendonça": anuncia a primeira atração do programa. Como se trata de um programa musical, anunciamos a música, mas poderia ser um quadro, uma entrevista ou ação dentro do programa.

DESANUNCIANDO MÚSICAS

Para fazer o desanúncio de músicas, é possível utilizar:

- O slogan da rádio: colocado geralmente na saída de blocos musicais pela maioria das emissoras, mas não é obrigatório. O padrão da emissora deve ser observado com cuidado.
- O nome da música: o padrão para desanunciar depende da emissora. Algumas podem exigir o nome de todas as músicas e seus intérpretes, outras, apenas o nome da última música e intérprete, ou só dos intérpretes, mas sempre começando da última música executada.
- Um gancho para a atração do próximo bloco ou algo mais adiante na programação, que pode ser algum quadro, programete ou música.

Algumas rádios fazem o desanúncio com um teaser gravado. A hora deve ser informada, preferencialmente, no formato 12 horas, por uma questão de sonoridade e dinâmica de fala, pois é diferente dizer "5 e 32" e "17 horas e 32 minutos".

TEXTOS PROMOCIONAIS

Os textos promocionais e comerciais exigem do comunicador, além de uma exposição clara do assunto abordado – ou seja, a promoção, o produto ou o serviço oferecido –, um bom nível de persuasão e convencimento de que o ouvinte deve fazer aquilo que ele está propondo: nesse caso, participar e aderir à tal promoção, consumir ou utilizar tal produto ou serviço. Veja a seguir um exemplo de texto promocional:

🎵 O Agente 92 está de volta às ruas de São Paulo, com R$ 100,00 para quem responder "92 FM" quando perguntarem "Que rádio você ouve?". O Agente 92 está nas ruas dando dinheiro vivo pra você. É isso aí, se alguém te perguntar "Que rádio você ouve?", responda: "92 FM"! Você pode ganhar R$ 100,00 na hora, em dinheiro vivo, para gastar como quiser. Não precisa se inscrever, nem mandar carta ou e-mail. É só responder "92 FM" quando perguntarem "Que rádio você ouve?" e pronto, você leva R$ 100,00 na hora. Essa é mais uma da 92 FM, a rádio que todo mundo ouve. 🎵

Essa locução tem um tempo médio de 45 segundos, dependendo da agilidade do locutor, e usa um texto base criado a partir de tópicos, pois a ideia é que o locutor o faça de forma natural, preservando a sua estrutura, mas improvisando e colocando sua personalidade. Ao realizar a locução, o importante é observar a estrutura do texto e sempre enfatizar os pontos mais importantes. O mais importante é destacar os objetivos da chamada – no caso, o fato de o ouvinte ganhar R$ 100,00 na hora, bastando responder à pergunta feita pelo Agente 92. Aqui se concentra a dinâmica da promoção e isso é destacado e reforçado na chamada ao menos três vezes. O importante é tomar cuidado com algumas expressões para que o texto levado ao ar não fique redundante além do aceitável, pois a concepção de um texto como esse já traz uma redundância estratégica. Você deve praticar esse tipo de texto tendo vista seus tópicos e procurando fazê-lo ao menos de três formas diferentes, alterando o objetivo e as informações essenciais que levarão o ouvinte ter atenção ao que a emissora o está convidando a participar. Ações contidas nessa locução:

1. "O Agente 92 está nas ruas dando dinheiro vivo pra você": **frase objetiva que desperte o interesse do ouvinte em saber mais sobre o assunto.**
2. "É isso aí, se alguém te perguntar 'Que rádio você ouve?', responda: '92 FM'": informa ao ouvinte como participar da promoção.

3. "Você pode ganhar R$ 100,00 na hora, em dinheiro vivo, para gastar como quiser": informa o prêmio, descrevendo de forma que pareça maior e mais importante do que realmente é.
4. "Não precisa se inscrever, nem mandar carta ou e-mail. É só responder '92 FM'": chamada para ação demonstrando facilidade para participar.
5. "É só responder '92 FM' quando perguntarem 'Que rádio você ouve?' e pronto, você leva R$ 100,00 na hora": reforça o convite de forma resumida, mas convidativa.
6. "Essa é mais uma da 92 FM, a rádio que todo mundo ouve": assina a promoção.

TEXTO COMERCIAL E TESTEMUNHAL

Um texto comercial feito ao vivo durante o programa de rádio permite uma interação direta com a audiência. O locutor pode adaptar o texto de acordo com o contexto do seu horário ou programa, incluindo referências atuais e até mesmo medindo as reações e o interesse do público. Ao fazer a locução de um texto ao vivo, o locutor pode personalizá-lo para se adequar ao tom e estilo do programa, bem como à audiência específica que está ouvindo naquele momento. Isso proporciona uma sensação de autenticidade e proximidade com os ouvintes.

Muitas emissoras ainda utilizam esse tipo de texto para que a credibilidade do apresentador junto aos ouvintes seja um fator de influência na decisão de compra: os chamados testemunhais, em que o apresentador não somente lê o texto, mas recomenda determinado produto ou serviço. Nesse caso, além da inserção paga pelo cliente para emissora, também é negociado um valor pago diretamente ao comunicador.

A capacidade de criar um texto publicitário ao vivo a partir de seus tópicos mais importantes demonstra habilidade e confiança por parte do locutor. Isso pode gerar uma percepção positiva da marca anunciada, pois mostra que o locutor está genuinamente envolvido com o produto ou serviço e está promovendo-o de forma espontânea. Vamos a algumas observações importantes em textos dessa natureza:

- Contextualização e demonstração ao ouvinte sobre a necessidade de ele usar ou possuir o produto.
- Destaque das qualidades do produto, apresentando ao ouvinte que, nas situações em que ele se encontra, o produto é a solução.
- Demonstração da facilidade para aquisição: entrega, pagamento e alguma promoção, se houver.
- Reforço sobre o que o produto oferece e a forma de aquisição, telefone e outros, se houver.

Vamos a um texto fictício com duração média de 1 minuto para ficar um pouco mais claro.

Contextualizar e mostrar a necessidade ao ouvinte

♪ Você sonha em ter a casa própria, mas se sente perdido em meio a tantas opções e burocracia? Nós temos a solução para você! Com o Consórcio dos Sonhos você pode adquirir a sua casa própria, de uma forma muito segura e prática. ♪

Destaque das qualidades do produto

♪ Imagine ter em suas mãos um produto que se adapta perfeitamente às suas necessidades, oferecendo flexibilidade e segurança. Com o nosso consórcio, você tem a garantia de realizar o sonho da casa própria, de forma planejada e sem surpresas indesejadas. ♪

Facilidade para aquisição

♪ A adesão é simples e descomplicada, e o melhor de tudo: oferecemos diversas opções de pagamento que se encaixam no seu orçamento. Desde a entrada até a contemplação, estamos aqui para tornar o processo o mais tranquilo possível para você. ♪

Promoções (se houver)

♪ E não para por aí! Temos promoções especiais, trazendo ainda mais vantagens para você aderir ao Consórcio dos Sonhos. Não perca essa oportunidade única de conquistar a sua casa própria com vantagens exclusivas! ♪

Reforço e formas de aquisição

♪ Então, não perca mais tempo! Venha fazer parte do Consórcio dos Sonhos e garanta a sua tão sonhada casa própria. Para mais informações sobre o Consórcio dos Sonhos, entre em contato agora por meio do telefone 0800-0000-0000 ou visite nosso site. Estamos aqui para realizar o seu sonho de morar na sua casa própria! ♪

Reforço e assinatura

♪ Não espere mais, o seu futuro começa agora. Venha fazer parte do Consórcio dos Sonhos! Ligue agora para 0800-0000-0000 e dê o primeiro passo em direção à realização do sonho da casa própria. Consórcio dos sonhos, realizar seu sonho é o nosso negócio. ♪

Observação: é importante que, mesmo dentro de uma linguagem radiofônica, você use palavras e expressões que sejam naturais a você e compatíveis à linguagem da emissora, de forma que ajudem a dar ênfase e credibilidade ao texto, e que se torne uma conversa entre você e o ouvinte.

Programas Interativos

É muito comum no rádio hoje, independente do segmento da emissora, programas com um ou mais apresentadores. Não só no rádio, mas essa dinâmica é muito comum também nos podcasts, que têm uma audiência cada vez maior, seja em áudio ou vídeo, e isso independe do formato dos programas. Podem ser programas de entretenimento, esportivos, jornalísticos ou até mesmo nos chamados programas interativos, em que os ouvintes participam ao vivo.

É fato que esses programas não são nenhuma novidade no rádio: há tempos existem programas nesse formato em todos os segmentos. O *Show de rádio*, com Estevam Sangirardi, que estreou em 1969 na Rádio Jovem Pan e fez o mesmo sucesso também na rádio Bandeirantes, foi um dos programas icônicos do rádio, com seus personagens marcantes e grandes nomes da comunicação, muitos dos quais se destacaram em outros programas e até na televisão.

O programa *Pânico*, um dos programas mais conhecidos nesse formato, é veiculado pela Jovem Pan FM desde 1993. Sua marca registrada é um estilo humorístico descompromissado, no qual as principais brincadeiras vêm dos membros, convidados e dos próprios ouvintes. Embora esse programa tenha passado por mudanças nos integrantes e até mesmo no formato, o *Pânico* tornou-se referência quando se fala em interatividade. O que é importante entender sobre isso? Primeiro, que é fundamental trabalhar em equipe. Você já ouviu a máxima "a união faz a força"? Pois é! Nesse tipo de programa há uma conexão bem equilibrada entre apresentadores, convidados e o próprio ouvinte.

Outra coisa importante é compreender o papel de cada um, pois cada apresentador pode ter uma função específica durante o programa. Um deles deve atuar como âncora, ditando as ações a serem seguidas. No caso de dois apresentadores, essas responsabilidades podem ser divididas igualmente. Pode, ainda, haver coapresentadores comentando fatos e questões inerentes ao programa e interagindo com os ouvintes, garantindo um tom intimista e próximo da audiência.

Para garantir uma comunicação eficaz entre apresentadores e convidados do programa é preciso que todos ouçam atentamente uns aos outros, respeitando o espaço de fala e evitando interrupções desnecessárias, embora isso vá ocorrer em alguns momentos, dadas as características desses programas. O apresentador deverá manter um diálogo fluido e envolvente entre as partes do programa e, principalmente, com os ouvintes.

DICA DE MESTRE

Robson Ramos tem mais de 30 anos de experiência como locutor de rádio, com passagem por diversas emissoras, como a Rádio Cidade, Tupi FM, Rádio Trânsito, Bradesco Esportes FM, entre outras. É apresentador da Band FM São Paulo, atualmente no horário das 17h às 20h. Atua também como locutor noticiarista da Rádio Bandeirantes e é repórter aéreo do Grupo Bandeirantes.

Ramos diz que, em sua visão, todos que falam no rádio, independentemente do segmento, são locutores na essência. Ressalta, porém, que principalmente nas rádios populares, esses profissionais são apresentadores que não se limitam a anunciar os nomes das músicas e a ler as informações: eles têm uma comunicação muito mais próxima do ouvinte, mais abrangente, seja comentando algo sobre a letra de uma música, seja dando informações que façam a diferença na vida das pessoas – como o tempo, transportes –, sempre de forma envolvente e próxima, como uma pessoa que conversa com o ouvinte em uma linguagem acessível para a maioria das pessoas. Ramos alerta, porém, que essa linguagem mais simples não pode ser confundida com algo displicente; é necessário ter cuidado nessa abordagem.

Ramos também destaca que o apresentador de rádio popular deve ter uma boa bagagem de informação sobre todo o universo que envolve esse nicho: os artistas da programação, política, esporte e outros assuntos que sejam de interesse da audiência.

Em síntese, o apresentador de rádio popular é um comunicador habilidoso que tem a capacidade de abordar qualquer assunto com o dinamismo do rádio, mas de forma envolvente, próxima ao ouvinte e, para isso, precisa estar atualizado e muito bem-informado.

---

* Relato obtido em entrevista informal com Robson Ramos por meio de troca de mensagens em janeiro de 2024.

Outra dica importante é: prepare-se para lidar com imprevistos. No rádio, as coisas podem mudar rapidamente; é preciso ser flexível e estar pronto para improvisar, se necessário. Seja lidando com problemas técnicos, comentários inesperados dos ouvintes ou notícias de última hora, é importante manter a dinâmica do programa.

Não podemos esquecer da interação com os ouvintes. Eles são uma parte fundamental do nosso trabalho, e é necessário dar-lhes abertura e ouvir suas perguntas, seus comentários e feedbacks. Isso cria uma conexão mais forte e envolvente com o público.

Por último, mas não menos importante, vamos sempre seguir princípios éticos e boas práticas profissionais. Isso inclui ser imparcial, objetivo, respeitar a privacidade dos ouvintes e cumprir as determinações legais quanto à responsabilidade com a informação e referências a pessoas e instituições. É importante ressaltar que embora tenhamos mencionado esses programas no tópico das emissoras populares, os programas interativos não fazem parte apenas desse universo; existe uma diversidade de temas e formatos que possibilitam esse tipo de programa em emissoras de todos os segmentos.

Arrematando as ideias

Desde sua primeira transmissão no Brasil, em 1922, o rádio passou por diversas transformações. De lá para cá, muitas emissoras surgiram. Essas emissoras se segmentaram e os locutores e apresentadores se profissionalizaram, buscando atender cada vez mais às expectativas da audiência e às transformações do público. Nesse capítulo, procuramos mostrar como essas transformações impactaram na forma como esses locutores atuam em alguns dos principais segmentos do rádio contemporâneo. De locutores mais formais, com vozes graves e potentes, a comunicadores versáteis e bem-informados, buscamos mostrar quais são os desafios para os locutores de rádio na atualidade.

CAPÍTULO 5
A LOCUÇÃO PUBLICITÁRIA

Com a diversificação de plataformas de mídia como streaming de vídeo, redes sociais e aplicativos de música, as oportunidades para a locução publicitária também se expandiram.

A facilidade de acesso à tecnologia de gravação e produção de áudio por parte especialmente dos locutores e as mudanças no formato de prestação de serviço, incentivadas principalmente pela pandemia de covid-19 – que abriu espaço, de vez, para o trabalho de qualidade em home studio –, mudou consideravelmente o cenário da locução publicitária no Brasil.

Neste capítulo, vamos abordar um pouco dessas mudanças e como elas impactaram o trabalho dos profissionais da locução; e conheceremos dois dos mais conceituados nomes da locução publicitária, que vão elucidar aspectos importantes desse novo cenário.

Gêneros de locução publicitária

Em primeiro lugar, vamos definir alguns dos gêneros de locução publicitária mais utilizados no rádio, na TV e na internet. Em geral, a finalidade da publicidade é promover e vender produtos, serviços ou ideias. Ela busca influenciar as atitudes e os comportamentos do público-alvo para alcançar objetivos comerciais ou institucionais. No contexto comercial, o principal propósito é impulsionar as vendas e a lucratividade. No entanto, a publicidade também pode ser usada para conscientização, educação, construção de marca e engajamento em causas sociais. Em última análise, a venda é frequentemente um dos resultados desejados da publicidade.

Dessa forma, várias estratégias são utilizadas pelos publicitários para alcançar seus objetivos em diversas mídias, como rádio, TV, internet e mídias internas (como cinema e mídia indoor). Assim como a publicidade evoluiu, também mudaram as expectativas em relação à locução. Hoje, não se busca mais uma abordagem genérica e uma voz apenas bonita, mas sim que se adapte às diferentes demandas criativas. É necessário ser versátil, capaz de transmitir não apenas informações, mas emoções, tornando cada mensagem única e memorável.

Os publicitários estão explorando novas formas de contar histórias e de envolver o público de maneira inovadora. Portanto, é essencial que, como locutor, você esteja antenado a essas mudanças e pronto para oferecer não apenas a sua voz, mas a sua criatividade na interpretação de um texto. Cada anúncio é uma oportunidade de criar uma experiência única para quem ouve, seja no rádio, na TV, na internet ou em outras mídias. Esteja preparado para se adaptar, explorar novas abordagens e ir além da locução convencional. Afinal, a verdadeira arte da locução publicitária está em se reinventar a cada mensagem, não apenas trazendo informação, mas conectando o público à mensagem.

A locução publicitária pode ser dividia, basicamente, em três gêneros principais: clássica, natural (ou coloquial) e caricata, observadas as variações em cada um dos estilos, que podem ser: neutro, motivador, acolhedor, descolado, simpático, vendedor, sensual, entre tantos outros. Em sites especializados como o Clube da Voz[3] e Voz UP[4], você encontra variações para cada estilo de locução publicitária, com gêneros e estilos de vozes diferentes. Veja a seguir alguns exemplos:

- **Clássica:** a locução clássica é caracterizada por um tom mais formal, sério e elegante. Geralmente, é usada em anúncios que buscam

---

[3] Disponível em: clubedavoz.com.br. Acesso em: 1 mar. 2024.
[4] Disponível em: vozup.com.br. Acesso em: 1 mar. 2024.

transmitir uma imagem de prestígio e confiabilidade. O locutor utiliza uma entonação equilibrada e cuidadosa.

- **Coloquial ou humanizado:** esse estilo busca fazer com que o locutor pareça bem próximo do ouvinte, adotando uma abordagem mais próxima e amigável. O locutor fala de maneira mais informal, como se estivesse conversando diretamente com a audiência. É comum em comerciais que desejam estabelecer uma relação mais pessoal.
- **Varejo:** a locução de estilo varejo é dinâmica, rápida e muitas vezes inclui ofertas especiais e chamadas para ação de consumo. É comumente usada em anúncios promocionais, destacando preços baixos e promoções temporárias.
- **Caricato:** nesse estilo, o locutor exagera em entonações, expressões e até mesmo no tom de voz para criar um efeito cômico. Ele pode interpretar personagens como Papai Noel, Coelho da Páscoa ou fazer vozes que remetam a figuras caricatas. É bastante utilizado em comerciais que buscam destacar características específicas do produto ou serviço de maneira divertida.

Cada estilo atende a diferentes propósitos e públicos, sendo escolhido com base na mensagem que se deseja transmitir e na resposta desejada do público-alvo. Em cada um desse estilos existem muitas variações, ligadas diretamente às características do texto, à trilha sonora e ao próprio produto ou serviço divulgado. Sua principal característica está na estimulação da interpretação. A alta ou baixa estimulação na interpretação de texto de locução refere-se à variação da entonação, do ritmo e da ênfase utilizados para transmitir diferentes emoções e mensagens.

- **Alta estimulação:** envolve entonação mais elevada, ritmo mais rápido e maior ênfase em certas palavras ou frases. É usada para transmitir emoções mais intensas, senso de urgência, entusiasmo ou ênfase especial.

🎤 **Baixa estimulação:** caracteriza-se por entonação mais suave, ritmo mais lento e abordagem mais contida. Geralmente, é usada para transmitir informações mais sérias, reflexivas, com ênfase em um tom de voz mais baixo.

O locutor na publicidade

O locutor publicitário precisa desenvolver várias habilidades para compreender e atender às demandas. Locutores mais experientes certamente tem maior facilidade em se adaptar; já aqueles que ainda trilham os primeiros passos na publicidade precisam constantemente aprimorar suas habilidades. Caso ainda não tenha um volume constante de trabalho, é preciso criar uma rotina constante de gravações e simulações para se manter em desenvolvimento. Então, de fato, quais são as qualidades e características de um bom locutor de publicidade? É preciso possuir uma combinação de habilidades técnicas e artísticas para se destacar no mercado altamente competitivo da locução publicitária.

As produtoras de áudio buscam locutores com diferentes vozes e estilos para atender às necessidades específicas de cada projeto. Assim, um locutor não só precisa conhecer sua voz, mas também estar ciente do seu estilo, seja alegre, maduro, jovem ou acolhedor, a seleção é baseada na habilidade de adaptar a voz para se alinhar perfeitamente com a mensagem e o tom desejados em cada produção. Como um ator se prepara para diferentes papéis, o locutor se prepara para ser a voz perfeita em cada projeto.

Dessa forma, entender as nuances da sua voz é como ter um arsenal de ferramentas para diferentes trabalhos. Às vezes, precisa ser vibrante e alegre, outras vezes, suave e acolhedora. Conhecer sua voz permite que você se adapte às demandas específicas, sendo versátil para atender diferentes estilos e necessidades de produção. Imagine sua voz como um pincel: assim como um artista escolhe pincéis conforme a obra, um locutor escolhe as nuances vocais para pintar a atmosfera certa em cada projeto, respeitando suas características vocais. Aqui estão algumas qualidades e características essenciais:

- 🎤 **Versatilidade vocal:** ser capaz de variar o tom, o ritmo e a entonação para se adequar a diferentes marcas, produtos e mensagens.
- 🎤 **Expressividade:** transmitir emoção e entusiasmo de maneira autêntica, cativando a atenção do público-alvo.
- 🎤 **Clareza na pronúncia:** garantir uma pronúncia nítida e clara é essencial para a compreensão da mensagem publicitária.
- 🎤 **Adaptação:** ser flexível e capaz de se adaptar a diferentes estilos e gêneros de locução, atendendo às necessidades específicas de cada anúncio.
- 🎤 **Interpretação de texto:** compreender a mensagem do anúncio e transmiti-la de maneira convincente, dando vida às palavras.
- 🎤 **Criatividade:** ter a capacidade de trazer inovação e criatividade à locução, elevando o nível do anúncio.
- 🎤 **Conexão com a mensagem do texto:** construir uma conexão do público com o texto vai além de compreender as palavras escritas e mapear suas pausas, ênfases e palavras de valor importante. Trata-se de compreender o que ela quer dizer de fato, tornando, assim, a mensagem mais impactante e atingindo seus objetivos.
- 🎤 **Naturalidade:** transmitir a mensagem de forma autêntica, como se estivesse tendo uma conversa com o ouvinte. Evitar artificialidades e garantir que a locução flua de maneira suave e genuína, estabelecendo uma conexão mais profunda com o público. A naturalidade contribui para a credibilidade da mensagem e a aceitação pelo público-alvo.
- 🎤 **Profissionalismo:** cumprir prazos, seguir diretrizes e manter um padrão ético, construindo uma reputação sólida no mercado. É fundamental construir compromissos e responsabilidades para se tornar um profissional confiável da locução publicitária.

- 🎙 **Conhecimento técnico:** familiaridade com equipamentos de gravação, técnicas de edição de áudio e outros aspectos técnicos da produção de locuções. A pandemia de covid-19 trouxe novos hábitos a vários profissionais, e os locutores da publicidade, assim como outros profissionais da voz, tiveram que se adaptar à realidade de um trabalho remoto – que em outras áreas, chamamos de home office, mas para os locutores é home studio. Já utilizado há tempos por alguns locutores, o home studio passou a ser algo muito mais comum para locutores, dubladores e outros profissionais da voz.

- 🎙 **Atualização constante:** estar ciente das tendências de mercado, mudanças na linguagem publicitária e evoluções no mercado da locução. Essas características combinadas ajudam a criar um locutor de publicidade capaz de trazer vida e autenticidade a uma variedade de mensagens promocionais.

- 🎙 **Autoconhecimento:** o conhecimento das características de sua própria voz é crucial para um locutor publicitário, por diversos motivos. Primeiro, permite que o locutor explore os aspectos únicos de sua voz, criando uma assinatura vocal que o diferencia de outros profissionais. Isso é fundamental para se destacar em um mercado competitivo. Além disso, compreender as nuances da própria voz ajuda ao locutor a adaptar seu tom, ritmo e sua entonação de acordo com a mensagem e o público-alvo, ao mesmo tempo que mantém as suas características e sua identidade.

Cada voz tem qualidades específicas que podem evocar diferentes emoções dentro de um texto, e essa escolha é feita de forma muito consciente pelos criadores de publicidade. Como já comentamos, a locução não é genérica, a seleção de um casting de locução tem critérios que envolvem essas características da voz de um locutor publicitário. Conhecendo essas características, o locutor pode ajustar sua entrega para se alinhar melhor aos objetivos da proposta e estratégia da peça publicitária.

A voz feminina
na publicidade

As vozes femininas na publicidade brasileira têm desempenhado papéis significativos ao longo dos anos. No início, eram normalmente associadas a anúncios de produtos voltados para o público feminino, como produtos de limpeza, moda feminina e beleza. No entanto, com o passar do tempo, as vozes femininas tornaram-se mais diversificadas, passando a representar uma ampla gama de produtos e serviços.

Nos últimos anos, vêm acontecendo movimentos para promover a igualdade de gênero na publicidade, destacando a importância de uma representação equilibrada e evitando estereótipos. Um termo muito comum na publicidade contemporânea é a chamada "voz da rua", que se refere a uma voz natural, expressa como ouvimos nas conversas do dia a dia. Isso também se reflete na escolha das vozes nas campanhas publicitárias, que buscam representar diversidade e autenticidade. A presença das vozes femininas na publicidade brasileira evoluiu ao longo do tempo, refletindo as mudanças na sociedade e nas atitudes em relação ao papel da mulher, em todas as áreas.

A pandemia de covid-19 teve um impacto significativo nas estratégias de marketing e na escolha das vozes na publicidade, incluindo um destaque maior para as vozes femininas em busca de empatia e conexão emocional: em tempos de crise e incerteza, as marcas procuram estabelecer uma conexão mais profunda com o público. As vozes femininas, muitas vezes associadas a características como empatia, calor e conforto, tornaram-se uma escolha estratégica para transmitir mensagens que buscam gerar conforto e segurança.

As vozes femininas ganharam destaque no decorrer dos anos. Vozes fantásticas marcaram época no rádio e na televisão por meio das locuções publicitárias. Entre elas, podemos destacar: Valéria Grillo, Madeleine Alves – que também foram apresentadoras de TV –, a atriz e locutora Helen Helene, e uma das vozes mais conhecidas do Brasil – não do rádio ou da

DICA DE MESTRE

Conversamos com Ana Paula Aquino, umas das grandes vozes femininas da publicidade brasileira, que empresta sua voz para marcas muito importantes em spots de rádio, TV, internet e outras mídias, bem como para alguns aeroportos brasileiros.

Aquino começou sua carreira como atriz. Desde a infância, sempre foi muito talentosa e comunicativa, tanto que sua primeira opção profissional foi o teatro, onde atuou com o diretor Antunes Filho. Além disso, fez novelas na televisão, foi locutora na saudosa Rádio Pool FM e, a partir daí, começou a dar seus primeiros passos na publicidade.

Ela destaca aspectos importantes para uma trajetória de sucesso na publicidade ou até mesmo na comunicação, de um modo geral. Segundo Aquino, a preparação é algo de que o profissional não pode abrir mão, pois a comunicação é muito dinâmica e as tendências desse mercado de locução exigem que o profissional se atualize e se prepare de forma constante.

Diz Aquino que a sua performance como locutora publicitária vem da soma de todas as suas experiências. Ela começou sua carreira fazendo teatro e foi se aperfeiçoar nos Estados Unidos em escolas importantes e com professores renomados; fez cursos de voz para teatro e canto, canto para musical e voz para estrangeiros. No convívio com professores e outros atores, Aquino percebeu o quanto esses profissionais se preparam para exercer a arte, levando muito a sério, e isso a acompanha desde então.

Outro ponto destacado por Aquino é a questão ética, o saber ser um profissional, o que envolve questões de relacionamento com o mercado, com os colegas de profissão e com o seu próprio trabalho. Ela destaca o quanto isso é importante para que as análises sobre comportamentos, valores e atitudes não sejam subjetivas. Mais à frente, abordaremos algumas questões relacionadas a esse tema importante.

Aquino destaca, ainda, a importância de se ter um contato próximo com colegas que atuam e que têm mais experiência profissional, e que possam, de alguma forma, funcionar como mentores em algumas situações que envolvam, principalmente, o trabalho informal de locutores e locutoras.

---

* Relato obtido em entrevista informal com Ana Paula Aquino por meio de chamadas telefônicas e trocas de mensagem em janeiro de 2024.

televisão, mas de um aeroporto –, a locutora Íris Lettieri, que também foi a primeira locutora a atuar em comerciais no Brasil. Lettieri fazia os anúncios de voos nos aeroportos de São Paulo e sua voz diferenciada fez com que gravasse anúncios para outros aeroportos pelo mundo.

Em 2023, a locutora publicitária Simone Kliass, representando o Brasil, foi contemplada com três prêmios na cerimônia do Sovas (Society of Voice Arts and Sciences), reconhecido como um dos mais destacados eventos para os profissionais que atuam com a voz, que ocorreu Los Angeles, Estados Unidos. A profissional de locução publicitária estava indicada em diversas categorias, incluindo melhor promoção, melhor audiodescrição para televisão ou filme em língua portuguesa, melhor comercial de televisão e melhor narração de vídeo corporativo, sagrando-se vitoriosa em três categorias.

O mercado hoje

O mercado publicitário para locutores passou por diversas transformações ao longo das décadas, refletindo as mudanças nas tendências de consumo, nas tecnologias de produção e nos estilos de comunicação. Aqui estão algumas observações sobre o perfil dos profissionais e as diferenças nas locuções publicitárias ao longo do tempo.

Nos anos 1970, 1980 e 1990, o mercado valorizava vozes marcantes, fortes e expressivas. Boa dicção e capacidade de modulação vocal eram fundamentais. A partir dos anos 2000, com o advento da internet, algumas mudanças começaram se intensificar na demanda das locuções publicitárias. Com a diversificação dos canais de mídia, locutores precisaram se tornar versáteis, adaptando-se a diferentes formatos e estilos. Habilidades em gravação remota, edição de áudio digital e presença online são cada vez mais importantes. Atualmente, há uma demanda crescente por vozes diversas e representativas da sociedade.

Em resumo, os locutores e locutoras enfrentaram e continuam a enfrentar mudanças significativas no mercado publicitário. A capacidade de se adaptar às novas tecnologias e tendências, bem como a habilidade de oferecer uma voz autêntica e envolvente são cruciais para o sucesso nesse setor em constante evolução.

DICA DE MESTRE

Paulinho Ribeiro tem uma carreira brilhante como apresentador no rádio, passando por emissoras como Jovem Pan e Manchete, e como voz padrão de vinhetas de emissoras como Nova FM, Rádio Disney e outras pelo Brasil, além da TV, na MTV Brasil. Além disso, Paulinho Ribeiro também é compositor e produtor musical.

Ribeiro começou sua carreira com locutor publicitário em 1987. Segundo diz, o cenário da locução publicitária mudou muito de lá para cá, tanto na remuneração dos locutores, quanto na forma de exercer a atividade. Ele descreve o mercado da locução publicitária como em constante evolução, e a compara com uma fotografia antiga na qual muitos veem evolução e outros nem tanto, e explica o porquê.

Com o avanço da tecnologia e, principalmente, com a popularização da internet, os locutores passaram a gravar em seus próprios estúdios ou em home studios. Ribeiro conta que grava em seu próprio estúdio desde 2009 e diz que há benefícios em trabalhar no seu próprio espaço, principalmente nas gravações que surgem de última hora, pois possibilita entregar o material com mais agilidade ao cliente. Ele ressalta, porém, que nesse formato de trabalho, faz falta o contato com alguns profissionais, como técnicos de som e criativos das agências, muitas vezes até com o próprio cliente responsável pela marca, que antes estavam presentes no estúdio acompanhando a gravação. Segundo Ribeiro, em algumas circunstâncias, o locutor vai até o estúdio realizar a gravação, mas são raros esses momentos que para ele são prazerosos e produtivos, pois além de rever amigos, ainda é possível ser dirigido presencialmente, o que agrega uma nova perspectiva ao trabalho realizado.

Paulinho Ribeiro destaca que o trabalho em home studio, muitas vezes, traz alguns aspectos que precisam ser administrados com atenção, como, por exemplo, quando um cliente pede gravações em horários pouco convencionais. Ele revela que já recebeu pedidos de gravação durante o almoço de domingo com a família e comenta que alguns clientes, muitas vezes, não compreendem situações como essa, sendo muito importante saber administrar esse tipo de situação.

A diversidade de vozes é outra realidade desse novo cenário. Segundo Ribeiro, as mulheres já ocupam há um tempo o mesmo lugar de destaques das vozes masculinas em campanhas publicitárias importantes, e ressalta que com o formato de trabalho em home studio, há um caminho para ingresso de novos sotaques e diversidades de vozes na locução publicitária. Ele cita a publicidade como arquiteta do cotidiano: a publicidade confina em uma peça ou campanha publicitária o que vivemos no dia a dia e, assim como existe em filmes, novelas, música e teatro, há uma diversidade e uma representatividade de estilos, sotaques e gêneros. Para ele, seria uma hipocrisia a publicidade não seguir o mesmo caminho, ressaltando que o espaço nesse mercado deve dever ser aberto de forma igualitária a todos.

Paulinho Ribeiro ressalta que a informação também é indispensável para um locutor publicitário, pois saber para que e para quem serve o produto ou serviço é muito importante para o locutor. Ter informações que vão além do briefing enviado pelo cliente pode transmitir mais credibilidade ao texto gravado.

A autoavaliação, ou seja, ouvir e analisar seu trabalho depois de pronto e principalmente quando vai ao ar, seja no rádio, na TV, na internet ou em outra mídia, é extremamente importante, pois avaliar o resultado do trabalho interfere diretamente na qualidade da sua próxima entrega e essa qualidade está ligada diretamente a precificação do seu trabalho. Para Ribeiro, o cachê está relacionado a essa autoavaliação, visto que o profissional pode impor seu cachê dentro de uma perspectiva de mercado.

Ele recomenda, a quem pretende atuar como locutor publicitário, que não permita que precifiquem o seu trabalho, pois só você sabe o quanto vale. Essa prática valoriza seu trabalho e fortalece o mercado de locução publicitária como um todo. Todo profissional deve reconhecer o seu talento e a sua marca, o que o diferencia de outros. Ribeiro finaliza dizendo que a flexibilidade é uma ótima prática e recomenda que todo profissional saiba utilizá-la a seu favor.

---

* Relato obtido em entrevista informal com Paulo Ribeiro por meio de chamadas telefônicas e trocas de mensagem em dezembro de 2023.

Arrematando as ideias

O segmento de locução publicitária foi um dos que mais se modificou em função das novas tecnologias, tanto na gravação quanto no surgimento de novas mídias. Nesse capítulo, mostramos algumas vertentes que fazem parte desse mercado fascinante e desafiador, e a criatividade a ser desempenhada por seus profissionais quanto às responsabilidades, dado o caráter informal de boa parte dessas atividades.

CAPÍTULO 6
NARRAÇÃO ESPORTIVA

Início das transmissões esportivas

No Brasil, as transmissões esportivas tiveram início nas décadas de 1930 e 1940. A primeira transmissão esportiva radiofônica de que se tem conhecimento aconteceu em 1932, quando o jornalista e radialista Nicolau Tuma narrou uma partida de futebol entre Palmeiras e São Paulo. Foi, inclusive, Nicolau Tuma quem criou o termo "radialista" para os profissionais que trabalhavam no rádio, segundo ele, por ideal, ou seja, idealistas, daí o termo.

A voz da emoção

O rádio, por ser capaz de transmitir eventos ao vivo, se tornou a voz dos esportes no Brasil. Os locutores esportivos, muitas vezes, eram conhecidos por seus estilos distintos e pela capacidade de transmitir a emoção e a intensidade dos momentos esportivos.

Durante a Copa do Mundo de 1958, na Suécia, as transmissões radiofônicas tiveram um papel fundamental na criação do mito de Garrincha. O locutor Waldir Amaral narrou com entusiasmo os dribles desconcertantes do jogador, contribuindo para a construção da imagem icônica do "anjo das pernas tortas".

No rádio, narradores se tornaram ídolos da torcida brasileira. Em diferentes emissoras, diversos foram os nomes que fizeram a alegria do torcedor:

- **Fiori Gigliotti:** um mito das narrações esportivas, chamado de "locutor da torcida brasileira". Em sua longa carreira, Fiori Gigliotti narrou dez Copas do Mundo. Gigliotti sempre dizia que o maior jogo que assistiu foi entre Santos e Benfica, na final da Copa Intercontinental de 1962. Imortalizou diversas expressões, como: "Abrem-se as cortinas e começa o espetáculo", "E o tempo passa... torcida brasileira", "Tenta passar, mas não passa!", "Aguenta, coração!", "Crepúsculo de jogo", "É fogo", "Agora não adianta chorar", "Torcida brasileira", "Uma beleeeeza de gol!", "Um beijo no seu coração" e "Fecham-se as cortinas e termina o jogo".

- **José Silvério:** considerado o maior de todos por muitos torcedores, já narrou mais de vinte modalidades esportivas, mas se destacou no futebol. Cobriu todas as Copas do Mundo de 1978 a 2018, totalizando onze torneios.

- **Waldir Amaral:** foi um dos pioneiros na transformação das jornadas esportivas radiofônicas em verdadeiros shows. Criador de bordões como "Indivíduo competente", "O relógio marca" e "Tem peixe na rede". Foi ele quem chamou de "Galinho de Quintino" o craque Zico, apelido que o segue até os dias de hoje.

- 🎙 **Edson Leite:** extraordinário narrador esportivo do *Scratch do Rádio* da rádio Bandeirantes de São Paulo, durante os anos 1950 e 1960, atuou em várias emissoras de rádio e na saudosa TV Excelsior. Edson Leite entrou para a história do rádio ao narrar pela Rádio Bandeirantes a Copa de 1958, na Suécia.

- 🎙 **Oscar Ulisses:** teve sua primeira experiência como locutor de rádio em 1969, na cidade de Marília, no interior de São Paulo. Passou a atuar em emissoras de São Paulo em 1976, onde se tornou repórter e narrador na Jovem Pan, junto com o irmão Osmar Santos. Em 1977, transferiu-se junto com o irmão para a Rádio Globo. Em 1979, Ulisses deixou a emissora, indo trabalhar na Rádio Bandeirantes, retornando ao Sistema Globo de Rádio somente em 1986.

- 🎙 **Oswaldo Maciel:** narrador esportivo desde os anos 1970, atuou em várias emissoras, como Globo, Record e Band FM. Por cerca de 20 anos, fez parte da equipe de Eder Luiz na Transamérica, atuando, além das narrações, como comentarista em programas da emissora. Em 2023, transferiu-se para a Rádio 105 FM.

- 🎙 **Ulisses Costa:** um dos grandes narradores da atualidade; atua pelo grupo Bandeirantes de comunicação com uma narração vibrante e um grito de gol potente. É primo dos narradores Osmar Santos, Oscar Ulisses e Odinei Edson.

- 🎙 **Dirceu Maravilha:** começou a carreira em emissoras do interior paulista. Fez parte da equipe 1040 da Tupi, transferindo-se para a Rádio Bandeirantes. Em 2005, foi contratado pela Rádio Record, onde permaneceu até 2010. Em 2011, passou a narrar na BandNews FM. Um de seus bordões, muito conhecido, é: "Se for para o gol, me chama que eu vou".

- 🎙 **Cledi Oliveira:** deu início à sua carreira como narrador na Rádio Cultura de Jales, no ano de 1982. Sua estreia no rádio ficou marcada por uma transmissão épica que durou apenas 32 minutos, interrompida devido à invasão do campo pela torcida. Em 1986, o narrador mudou-se para São Paulo, onde começou a trabalhar na Rádio Globo. Dois anos mais tarde, transferiu-se para a Rádio Record. Em 1994, passou a atuar pela Rádio Gazeta, desempenhando não apenas o papel de narrador, mas também liderando a equipe de esportes.

- **Nilson César:** iniciou de sua carreira em Sorocaba, sua cidade natal. Em 1982, passou a integrar a equipe da Rádio Jovem Pan. Na época, era apenas o quarto locutor da equipe. Por 14 anos foi responsável pelas transmissões da Fórmula 1, tendo transmitido todos os títulos de Ayrton Senna e de Nelson Piquet. Desde o ano 2000, Nilson César é o locutor titular da Rádio Jovem Pan.

- **Eder Luiz:** estreou como locutor esportivo na Rádio Difusora de Santa Cruz do Rio Pardo, sua cidade natal, narrando um jogo do campeonato amador da região. Aos 17 anos, foi para a cidade de Marília, onde atuou como narrador pelas rádios Verinha, Clube e Itaipu. Em 1983, chegou à Rádio Bandeirantes, onde permaneceu até 1994. Na Bandeirantes, transmitiu as Copas de 1986, 1990 e 1994, os Jogos Olímpicos de Los Angeles, Seul e Barcelona. Além disso, transmitiu mais de 170 GPs de Fórmula 1. Eder Luiz inaugurou, na Band FM, uma nova linguagem no radialismo esportivo, ao levar a cobertura dos jogos para a FM. Em 2000, levou toda a sua equipe para a Transamérica São Paulo, onde permanece até os dias de hoje.

- **Odinei Edson:** começou no Paraná, em 1977, como técnico de som de uma pequena rádio. Depois, tornou-se apresentador de programas musicais em Marília, onde trabalhou nas duas principais rádios da cidade. Após passagem pelo rádio esportivo de Campinas, foi ser repórter da Rádio Globo, comandada por seu irmão Osmar Santos. Narrou também nas rádios Record, Gazeta e Eldorado e, em 1995, transferiu-se para a Rádio Bandeirantes, onde substituiu Eder Luiz nas narrações da Fórmula 1. Atualmente, segue na Bandeirantes, que faz rede com a BandNews FM nas corridas de Fórmula 1.

🎙 **Deva Pascovicci:** iniciou sua carreira como operador de áudio em Monte Aprazível, sua cidade natal, transferindo-se posteriormente para São José do Rio Preto, onde começou a ser locutor. Chegou a Jales no início de 1986, onde iniciou sua carreira de narrador esportivo cobrindo o basquetebol da cidade. Em 1993, começou a trabalhar na TV Manchete de São Paulo, onde narrava jogos de basquetebol e futebol. Em 1995, passou a narrar para o SporTV. Em 2005, foi contratado pela Rede CBN, onde atuava até 2015. Deva Pascovicci faleceu dia 29 de novembro de 2016, no trágico acidente envolvendo o avião da Chapecoense que caiu na cidade de La Unión, próximo a Medellín, na Colômbia.

O PAI DA MATÉRIA

Não podemos falar de locução esportiva sem falar de um dos maiores fenômenos nessa arte: Osmar Santos, o "Pai da matéria". Osmar Santos é uma lenda da narração esportiva brasileira, conhecido por seu estilo único e emocionante ao narrar partidas de futebol. Sua carreira é marcada por uma paixão intensa pelo esporte e pela habilidade de transmitir essa paixão aos ouvintes, um verdadeiro ídolo de todas as torcidas.

Osmar Santos era conhecido por seu estilo inconfundível de narração, marcado por expressões únicas e entusiasmo contagiante. Sua marca registrada era o famoso bordão "Ripa na chulipa! Pimba na gorduchinha" e por se referir aos jogadores que se destacavam como o melhor da partida como "animal". Foi daí que veio o apelido do jogador Edmundo que, por ser tantas vezes chamado de "animal" por Osmar Santos, acabou ficando com o apelido em definitivo. Essas expressões tornaram-se parte icônica das transmissões esportivas.

Em 1994, Osmar Santos sofreu um grave acidente de carro que o deixou com sequelas físicas, incluindo a perda da fala. Seu legado seguiu por meio de seu irmão e parceiro de narrações, Oscar Ulisses.

Falando em narração esportiva, não podemos deixar de citar a Rádio Gazeta AM, uma das mais importantes emissoras do futebol e outros esportes. A equipe "Dona da Bola" era umas das mais respeitadas e ouvidas do rádio. A emissora chegou a ter 15 horas diárias de programação esportiva.

Segundo Roberto Vilela, supervisor de operações da Rádio Gazeta online, sucessora digital da Rádio Gazeta AM, a emissora foi uma das mais importantes do esporte e contava com profissionais de peso na comunicação esportiva.[5] Por lá passaram grandes nomes do jornalismo esportivo, alguns em atuação até hoje em emissoras de rádio e televisão: Galvão Bueno, Luís Roberto de Múcio, Ricardo Capriotti, Roberto Carmona, Roberto Avallone, Ivo Morganti, Joelmir Beting e Regiani Ritter são apenas alguns deles.

Narração na televisão

Na televisão brasileira, a narração do futebol iniciou com um grande nome do rádio: Edson Leite. Ele foi o responsável pela narração da primeira transmissão esportiva ao vivo na televisão brasileira, que ocorreu em 1955, durante a final do Campeonato Paulista de futebol entre Palmeiras e Corinthians, na TV Tupi. Edson Leite foi uma figura pioneira na história das transmissões esportivas e contribuiu significativamente para o desenvolvimento desse gênero na televisão brasileira. Além dele, destacamos:

- **Fernando Solera:** foi um dos primeiros narradores esportivos da TV brasileira, com atuação destacada nas décadas de 1950 e 1960, inclusive na TV Tupi.
- **Luiz Alfredo:** filho do narrador Geraldo José de Almeida, teve passagens por várias emissoras de TV. Cobriu quatro Copas do

---

5 Relato obtido em entrevista informal com Roberto Vilela nos estúdios da rádio Gazeta Online, em dezembro de 2023.

Mundo e quatro Olimpíadas, além de várias partidas de futebol e de outras modalidades.

- 🎤 **Silvio Luiz:** ficou famoso por seu estilo descontraído e suas expressões características durante as transmissões esportivas. Silvio Luiz não se limitou apenas ao futebol, tendo narrado diversas modalidades esportivas ao longo de sua carreira. Criador de bordões inesquecíveis, como: "Olho no lance", "Foi, foi, foi ele…" e "Pelas barbas do profeta".

- 🎤 **Luciano do Valle:** teve uma carreira brilhante na narração esportiva, com destaque para suas transmissões de futebol e automobilismo. Foi uma das vozes mais marcantes da TV brasileira.

- 🎤 **Galvão Bueno:** é um dos narradores mais conhecidos e reconhecíveis, com uma longa carreira na TV Globo, especialmente nas transmissões de futebol.

- 🎤 **Oliveira Andrade:** com passagens pela Rádio de Campinas e pela Jovem Pan de São Paulo, Oliveira atuou na TV Globo, Record e Bandeirantes.

- 🎤 **Cléber Machado:** atuante no SBT e Prime Vídeo, Cléber Machado é conhecido por suas narrações de futebol e participação em grandes eventos esportivos, como Copas do Mundo.

- 🎤 **Milton Leite:** estreou como narrador em partidas de futebol em 1990, na extinta TV Jovem Pan, onde em vez de gritar "gol", dizia: "A emoção acontece na Pan". Em 1995, transferiu-se para a ESPN Brasil, onde foi narrador titular e apresentador do programa *Linha de Passe*. Em abril de 2005 foi contratado pelo SporTV, substituindo Deva Pascovicci. É conhecido pelos bordões: "Que beleza" ou "Meu Deus, que fase".

Desenvolvimento na narração

O desenvolvimento tecnológico do rádio permitiu que as transmissões esportivas se tornassem mais acessíveis e de melhor qualidade. As inovações incluíram a melhoria dos equipamentos de transmissão e o aumento da cobertura, o que tornou possível levar a emoção dos estádios para os lares de milhões de ouvintes.

A narração esportiva no rádio brasileiro ficou marcada por momentos históricos, como as conquistas das Copas do Mundo, as narrações emocionantes de gols memoráveis, como o milésimo gol de Pelé e a narração do gol de Basílio dando um título ao Corinthians depois de 23 anos de espera. Não somente das transmissões se fez o rádio esportivo do Brasil. As jornadas esportivas sempre alavancaram a audiência das emissoras e criaram programas épicos, como *Globo Esportivo*, *Jornal de Esportes* da Jovem Pan, *Jovem Pan no Mundo da Bola*, *Terceiro Tempo* (de Milton Neves, que se tornou um dos comunicadores mais populares do rádio e da televisão) e os mais recentes *Estádio 97*, *Na Geral* e *Papo de Craque*.

Comentaristas esportivos

Os comentaristas esportivos também desempenharam um papel crucial na história da cobertura esportiva no rádio de São Paulo. Eles complementam os narradores, trazendo análises, insights e opiniões especializadas sobre os eventos esportivos. Aqui estão alguns comentaristas esportivos notáveis que contribuíram para a cena esportiva no rádio de São Paulo:

- **Juarez Soares:** destacou-se como comentarista esportivo fornecendo análises perspicazes sobre futebol e outros esportes. Sua carreira abrangeu várias décadas, com contribuições significativas nas rádios e na televisão.

- 🎙 **Paulo Roberto Martins:** conhecido como o "Morsa", foi um dos mais polêmicos comentaristas do rádio de São Paulo, com passagem por rádios como Globo e Record (rádio e TV).
- 🎙 **Osvaldo Paschoal:** foi um grande repórter e hoje ainda atua como comentarista esportivo da televisão, função que ocupou também em emissoras como a Rádio Globo de São Paulo.
- 🎙 **Henrique Guilherme:** atua como comentarista da Rádio Transamérica, mas sua carreira também teve destaque na Rádio Globo, onde atuou como repórter esportivo.
- 🎙 **Orlando Duarte:** atuando por muito tempo no rádio e na televisão de São Paulo, cobriu 14 campeonatos mundiais de futebol, dez jogos olímpicos e campeonatos de várias modalidades. Orlando Duarte cobriu todas as Copas do Mundo durante o período entre 1950 e 2006. Nos anos 1960, foi o jornalista responsável por cobrir o time do Santos e acabou se tornando amigo de Pelé.
- 🎙 **Milton Neves:** não é exatamente um comentarista esportivo, mas um grande apresentador e conhecedor de esportes, principalmente futebol. Destacou-se apresentando programas nos intervalos e finais das partidas e consagrou seu programa e sua marca *Terceiro tempo*. Milton Neves iniciou sua carreira como jornalista esportivo na década de 1970, trabalhando em veículos de comunicação como rádios e jornais em São Paulo. No rádio, se destacou na Jovem Pan e na Bandeirantes. Levou para a televisão o seu programa *Terceiro tempo*, que foi ao ar na Rede Record por muitos anos. Por 15 anos, atuou no Grupo Bandeirantes, do qual se desligou no final de 2023.

Um marco

Em 1997, o narrador Eder Luiz, que dois anos antes já havia montado sua própria equipe esportiva na rádio Capital AM, mudou o cenário do rádio esportivo ao levar a transmissão de jogos de futebol para a rádio Band

FM. Essa iniciativa inovadora trouxe não apenas melhor qualidade de som, mas também uma dose extra de criatividade, emoção e humor, transformando a experiência de ouvir o futebol pelo rádio. Essa proposta inovadora rapidamente conquistou altos índices de audiência, marcando um novo padrão na transmissão esportiva. Durante esse período, Eder Luiz também teve a oportunidade de narrar de forma emocionante a Copa do Mundo de 1998, solidificando ainda mais sua posição como pioneiro no universo esportivo da rádio FM.

No ano 2000, Eder Luiz transferiu-se com toda sua equipe para a Rádio Transamérica, onde comanda, até os dias de hoje, além das jornadas esportivas, vários programas voltados ao esporte, ocupando boa parte da grade de programação dessa importante emissora. Hoje, é comum ao torcedor ouvir os jogos de futebol de seu clube pela rádio FM graças à iniciativa e o pioneirismo de Eder Luiz e sua equipe.

Vários programas esportivos ligados principalmente ao futebol passaram a ser apresentados na FM após a transmissão de jogos na frequência modulada se popularizar, entre eles, o *Na geral*, *Estádio 97*, *Papo de craque* e *Galera gol* na Transamérica. Com a equipe de Eder Luiz, esses programas contam sempre com vários participantes, entre apresentadores, repórteres, comentaristas e humoristas, além de serem interativos, contando com a participação ao vivo dos ouvintes e uma dose de provocação, muito comum entre torcedores, mas sempre com bom humor.

A chegada do novo milênio testemunhou a digitalização do rádio e a ascensão da internet. Atualmente, os narradores e os comentaristas esportivos enfrentam diversos desafios, reflexo das transformações na indústria da mídia e nas preferências do público. Historicamente, a narração esportiva, especialmente do futebol, era predominantemente realizada por homens. No entanto, nos últimos anos, até pelo crescimento do futebol feminino, temos visto um aumento na presença de mulheres como narradoras esportivas na TV brasileira. Essa mudança é muito positiva e reflete maior diversidade e inclusão no esporte, proporcionando oportunidades para narradores talentosos, independentemente do gênero.

A presença da mulher na narração de futebol contribui para quebrar paradigmas de gênero e promover a igualdade no meio esportivo, o que é uma das premissas do esporte. Essa evolução é uma resposta à demanda crescente por representatividade e igualdade de oportunidades em várias áreas profissionais, não somente na comunicação. Destacamos as narradoras da Rede Globo e SporTV Renata Silveira e Natália Lara, a quem tive a honra ser professor no curso de locução do Senac São Paulo.

Características fundamentais aos narradores

No universo dinâmico e de inúmeras categorias do esporte, a narração não é apenas uma transmissão de eventos: é algo que mexe com a emoção das pessoas, com a paixão que o povo brasileiro tem pelo esporte, que transforma jogos em experiências inesquecíveis. Já falamos anteriormente sobre como alguns narradores esportivos se tornaram ídolos das torcidas e fizeram narrações que até hoje ecoam na mente dos torcedores. À medida que mergulhamos na essência da narração esportiva dos tempos modernos, exploramos os elementos que definem os narradores de hoje.

Esses contadores de histórias apaixonados não apenas dominam a narração de forma técnica: eles constroem narrativas que vão além do jogo, conectando-se profundamente com os ouvintes e telespectadores. Vamos abordar algumas das características que definem o narrador esportivo dos dias de hoje, uma figura única no mundo do esporte.

- **Paixão pelo esporte:** o narrador esportivo, acima de tudo, é movido pela paixão. Seu amor pelo esporte transcende o microfone, envolvendo os ouvintes ou telespectadores em cada lance, tornando a experiência vivida inesquecível e emocionante.
- **Conhecimento profundo:** mais do que ser um entusiasta ou torcedor, o narrador moderno é um conhecedor profundo do

esporte de maneira geral. Estatísticas, histórias dos atletas, clubes e modalidades são suas ferramentas para enriquecer a narrativa e proporcionar uma experiência informativa aos ouvintes.

- 🎤 **Versatilidade expressiva:** a voz é a ferramenta principal, e a versatilidade expressiva é a chave. Saber modular o tom, o ritmo e a intensidade conforme a emoção do jogo é fundamental. Um narrador habilidoso sabe quando falar mais baixo na tensão, quando ser irônico em lances ou fatos inusitados na partida e quando explodir na comemoração.
- 🎤 **Adaptação à tecnologia:** no mundo digital, o narrador se adapta às plataformas e às tecnologias emergentes. Seja narrando para rádio, TV ou plataformas de streaming, a habilidade de transitar entre diferentes meios é crucial.
- 🎤 **Imparcialidade e respeito:** manter a imparcialidade, mesmo torcendo internamente, é uma virtude profissional. Além disso, o respeito pelos atletas, equipes e, principalmente, pelo público, é fundamental para construir uma reputação sólida.
- 🎤 **Narrativa cativante:** contar uma história é uma arte, e o narrador esportivo é um mestre nisso. É transformar um simples jogo em uma epopeia, envolvendo o ouvinte ou telespectador e conectando-se emocionalmente com eles.
- 🎤 **Atualização constante:** o esporte evolui, e o narrador moderno evolui junto. Estar sempre atualizado com as mudanças nas regras, os novos talentos do esporte, informações de bastidores e as tendências esportivas é crucial para oferecer uma cobertura informativa e envolvente.

Em resumo, o narrador esportivo contemporâneo é um apaixonado contador de histórias, um mestre no uso da voz, um conhecedor profundo do esporte e um comunicador habilidoso e sempre atento às demandas da era digital. Seguem algumas dicas para se tornar um bom narrador esportivo:

- 🎤 **Pratique:** a prática é fundamental para você que quer se tornar um grande narrador esportivo. É preciso praticar para desenvolver os recursos necessários para realizar uma boa narração e encontrar o seu estilo de forma natural e consciente. Praticar a narração de jogos é essencial para desenvolver as habilidades necessárias para se tornar um narrador de futebol.

- 🎤 **Assista a muitos jogos:** assista a uma variedade de jogos de futebol ou de outras modalidades de sua preferência para se familiarizar com diferentes equipes, estilos de jogo e situações de uma partida, uma competição e tudo que faz parte do universo do esporte. Lembre-se que um narrador é um profundo conhecedor do esporte que vai transmitir, ele precisa se desafiar a saber sempre mais do que o ouvinte ou espectador, tonando-se uma referência ou fonte de informação para eles. Assistir a várias competições esportivas e acompanhar programas de rádio, TV e internet especializados no assunto ajudará a expandir seu conhecimento do esporte.

- 🎤 **Estude outros narradores:** deixe o torcedor de lado e estude vários narradores e narradoras profissionais. Preste atenção ao estilo deles, ao vocabulário usado, à entonação e à forma como eles mantêm o interesse dos ouvintes.

- 🎤 **Pratique com jogos gravados:** grave jogos e pratique a narração. Depois, ouvindo sua própria narração, identifique áreas para melhoria e ajuste seu estilo conforme for necessário.

- 🎤 **Desenvolva o vocabulário específico:** aprofunde-se no vocabulário específico do esporte, levando em conta também a linguagem do veículo. Se familiarize com os termos técnicos, gírias e expressões comuns usados durante os jogos.

- 🎤 **Trabalhe a entonação e o ritmo:** trabalhe na variação da entonação e do ritmo da sua fala para manter o interesse dos ouvintes. A entonação adequada pode realçar a emoção do momento no jogo e evita que você cometa excessos e canse os ouvintes durante a transmissão.

- 🎤 **Crie seu estilo pessoal:** embora seja útil estudar outros narradores, é importante desenvolver seu próprio estilo. Encontre um tom de voz adequado e uma abordagem que o destaque, e teste expressões criativas para ajudar a criar a sua marca como narrador.
- 🎤 **Receba feedback:** peça feedback de colegas, amigos ou mentores. Isso pode ajudar a identificar pontos fortes e áreas para melhoria.
- 🎤 **Participe de transmissões ao vivo:** se tiver oportunidade, participe de transmissões ao vivo de eventos esportivos mesmo que seja apenas para praticar. Peça para alguns amigos e familiares ouvirem sua transmissão: isso deixará a simulação mais real, mesmo que os ouvintes sejam em número pequeno e composto de pessoas conhecidas. Isso trará uma dose de adrenalina muito favorável e proporcionará experiência prática, o que ajudará a se acostumar com a pressão do momento.
- 🎤 **Faça exercícios de improviso:** pratique exercícios de improviso para melhorar sua capacidade de reação rápida a eventos inesperados durante o jogo.
- 🎤 **Construa um portfólio:** grave suas narrações e crie um portfólio. Isso será útil ao procurar oportunidades de narração de jogos.
- 🎤 **Considere transmitir para rádios web de pequeno porte:** essas emissoras servem como verdadeiras escolas para novos narradores e narradoras esportivas. Lembre-se de que a prática consistente é crucial para aprimorar suas habilidades de narração de futebol. Quanto mais você praticar, mais confortável e confiante se tornará como narrador.

DICA DE MESTRE

Renato Rainha é radialista e publicitário. Trabalhou no Grupo Bandeirantes de Comunicação por quase duas décadas, com passagens pelas rádios BandNews FM, Nativa, Bradesco Esportes FM e Rádio Bandeirantes. Como narrador da BandNews FM, participou da cobertura da Copa do Mundo na Rússia e dos jogos olímpicos no Rio de Janeiro.

Rainha reforça o conceito de que o narrador esportivo é um contador de histórias e deve, acima de tudo, ser um apaixonado por esportes. Ele destaca também alguns pontos importantes a serem observados por um narrador esportivo. Primeiro, o veículo: existem diferenças entre os públicos que ouvem esporte no rádio, assistem na TV ou por streaming – e isso influencia na linguagem da narração. Conhecer as regras do esporte que será narrado é imprescindível, pois o narrador precisa se antecipar aos lances e até mesmo situar a audiência sobre o que está acontecendo em campo, na quadra ou no espaço onde acontece a prática esportiva.

Rainha destaca que setorizar o campo ou quadra é muito importante para que o narrador possa descrever com precisão os lances da partida. No caso do futebol, por exemplo, existem setores como a linha de fundo, quarta-zaga, meia-direita, pequena área, etc. Além das regras da modalidade e dos setores do campo, Rainha afirma que conhecer os termos das jogadas utilizados para cada lance é parte indispensável da narração para que a audiência acompanhe lance a lance. Alguns exemplos de termos de jogadas do futebol são: "Deu um chapéu", "Bateu de chapa", "Deu uma cavadinha", entre outros. Conhecer todos os atores de uma partida esportiva é fundamental, independentemente da modalidade a ser transmitida: jogadores, árbitros, comissão técnica e demais pessoas envolvidas diretamente no evento. É importante também saber o retrospecto de cada equipe, a colocação na competição e demais estatísticas ligadas àquela disputa.

Renato Rainha enfatiza que as entonações são primordiais para impactar a audiência, dando assim destaques em lances importantes e retendo a atenção dos ouvintes ou espectadores. Rainha utiliza também o termo "adjetivar" para valorizar aspectos da narração, como: "Foi um grande lance", "Este é um jogo muito importante" e outros adjetivos que aumentam o interesse da audiência ao que acontece na partida.

Tecnicamente, Renato Rainha lembra que aspectos vocais como dicção, articulação, respiração e modulação são recursos indispensáveis a serem desenvolvidos por um narrador para que ele coloque todo o seu conhecimento e sua criatividade em prática.

---

* Relatos obtidos em entrevista informal com Renato Rainha por meio de chamadas telefônicas e troca de mensagens em dezembro de 2023.

Arrematando as ideias

A emoção é o ingrediente principal do esporte e a narração esportiva sempre foi um condutor: os narradores têm a missão de levar toda a intensidade de dentro do campo, das pistas, dos ringues ou quadras para o coração dos torcedores e fãs do esporte. Nesse capítulo mostramos o quão fascinante, desafiadora e apaixonante é a atividade de narrador esportivo, que alia muita técnica e conhecimento a esse elemento principal, que é a emoção.

CAPÍTULO 7
LOCUÇÃO PARA TELEVISÃO

No fascinante universo de imagens da televisão, a locução desempenha um papel crucial, moldando a experiência do espectador, dando vida à programação transmitida e gerando interesse nos espectadores para os próximos programas. Neste capítulo, exploraremos a arte da locução para televisão, mergulhando nas técnicas, nas nuances e nos desafios enfrentados pelos profissionais que dão voz aos programas que assistimos na telinha. Abordaremos o que há por trás das vozes cativantes que nos guiam pelas telas, proporcionando uma perspectiva única sobre a importância e a complexidade dessa atividade tão importante nesse veículo de comunicação.

Início da televisão no Brasil

O marco da estreia da televisão no Brasil foi a inauguração da TV Tupi, em 18 de setembro de 1950, em São Paulo, fundada pelo empresário Assis Chateaubriand. A chegada da televisão representou uma revolução nos meios de comunicação, oferecendo uma nova forma de entretenimento e informação. Inicialmente, as transmissões eram em preto e branco e os programas eram transmitidos ao vivo, visto que a gravação de programas ainda não era uma prática comum. Ao longo dos anos, o número de emissoras de televisão cresceu no Brasil, com a criação de novas redes e canais. A televisão desempenhou um papel significativo na cultura brasileira, influenciando hábitos, comportamentos e a forma como as pessoas se informam e se divertem.

Desde o início, a televisão no Brasil passou por diversas transformações tecnológicas e culturais, tornando-se uma das principais fontes de entretenimento e informação no país. A evolução tecnológica da televisão pode ser constatada pelo perceptível aumento de qualidade das transmissões e na recepção tanto de áudio como de vídeo. Para se ter uma ideia dessa evolução, por quase vinte anos, toda transmissão de TV no Brasil foi feita em preto e branco, e a televisão em cores surgiu somente na década de 1970.

O primeiro programa de televisão em cores foi transmitido no país em 1972, pela TV Excelsior, durante o Grande Prêmio de Fórmula 1 do Brasil. No entanto, a primeira transmissão regular em cores aconteceu em 1972, quando a Rede Globo começou a transmitir sua programação em cores, inicialmente apenas para a cidade do Rio de Janeiro. Em 1975, a televisão em cores foi oficialmente lançada em São Paulo. A expansão para outras regiões do Brasil ocorreu gradualmente ao longo dos anos seguintes.

Com o passar dos anos, vieram os televisores de tela plana, LCD, plasma, LED, 4k e diversas variações dessas novas tecnologias, o que obrigou as emissoras a dar um salto em qualidade de produção, captação e edição, elevando também a qualidade da locução das chamadas de TV. Por muito tempo, o som da televisão era reproduzido em um alto falante ao lado do aparelho, obrigando os locutores a controlar a modulação e o volume para realizar a locução, o que imprimiu um padrão técnico de qualidade na voz desse locutores. Os locutores de televisão, como veremos na sequência deste capítulo, atuam principalmente nas chamadas referentes à programação da emissora. Antes de falar da atuação desses profissionais, vamos listar alguns elementos que compõem uma chamada de televisão. Uma chamada de televisão é uma peça de vídeo produzida para promover um programa de televisão, seja ela um filme, uma novela, uma partida de futebol ou outro esporte, ou qualquer outro conteúdo. Tecnicamente, uma chamada de televisão consiste nos seguintes elementos:

- **Imagens:** por se tratar de uma mídia visual, a televisão traz, em suas chamadas, trechos do programa, filme ou evento que está sendo divulgado. Essas imagens são selecionadas para atrair o interesse do público e transmitir o tema, o tom e o clima do conteúdo.

- 🎤 **Trilha e efeitos sonoros:** muitas chamadas de televisão são acompanhadas por trilha ou efeitos sonoros, que ajudam a criar a atmosfera e reforçar a mensagem da promoção. Por exemplo, um filme utilizará trechos de sua trilha sonora original para causar um impacto na chamada.
- 🎤 **Locução em off:** é usada para fornecer informações adicionais sobre o programa ou evento promovido. Essa narração pode explicar o enredo, destacar os principais pontos de interesse ou simplesmente aumentar o impacto da chamada. Essa locução deverá ser interpretada de acordo com as características do programa a ser divulgado.
- 🎤 **Texto:** é comum que chamadas de televisão incluam letters, que são textos que trazem informações, como títulos, slogans, datas de transmissão ou informações de contato. Esse texto é geralmente projetado para ser visualmente atraente e facilmente legível.
- 🎤 **Identificação:** a marca ou o logotipo da emissora que está transmitindo o conteúdo geralmente são exibidos na chamada, para identificação e promoção adicional da emissora. Note a importância dessa identificação, que deverá se dar também na voz do seu locutor, como veremos adiante.

No geral, o objetivo de uma chamada de televisão é gerar interesse pelo conteúdo divulgado, incentivando os espectadores a assistirem ao programa. Trata-se de uma parte essencial da estratégia de divulgação e promoção de uma emissora de televisão ou produtora de conteúdo, tanto que a maioria das delas possui um departamento exclusivo para as chamadas, que envolvem profissionais como redatores, editores de áudio e vídeo, diretores, além do locutor de chamadas.

A locução para televisão

Os locutores de chamadas de televisão no Brasil têm uma história que remonta aos primeiros anos da televisão no país. Aqui estão alguns marcos importantes nesse desenvolvimento. Com o crescimento das emissoras de televisão, houve um aumento na necessidade de profissionais especializados nesse segmento da locução, que passou a desempenhar um papel fundamental na identificação e na promoção dos programas. Muitos desses profissionais estavam no rádio, mas com o tempo foram se especializando nas diversas formas de locução da televisão e criando cada vez mais identidade com as emissoras nas quais atuavam.

VOZES COM A IDENTIDADE DE CADA EMISSORA

Cada canal de televisão tem seu estilo próprio de chamada, e as vozes de seus locutores representam e identificam as emissoras: mesmo que se ouça apenas o áudio da transmissão, é possível identificar qual emissora está no ar. Um locutor de chamadas de televisão desempenha um papel muito importante na transmissão televisiva, sendo responsável por guiar os espectadores pelo conteúdo, fornecer informações essenciais sobre a programação e criar experiência além da imagem.

Os locutores passaram a desenvolver um estilo que identificasse as emissoras nas quais atuavam, ou seja, que permitisse identificar a emissora pela voz do locutor. Dirceu Rabelo, locutor da Rede Globo de televisão, permaneceu como voz padrão da emissora por mais de 40 anos, anunciando sua aposentadoria em 2023, mas deixou um legado, pois todos os outros locutores da casa o seguiam como padrão, e até hoje é difícil para o telespectador identificar que o locutor da TV Globo de Brasília, Walmir Amaral, é seu substituto.

Na Rede Record de televisão, Henrique Régis emprestou sua voz para identificar a emissora. Muitos espectadores se lembram das chamadas dos filmes de terror da *Sessão calafrio* que, na voz de Régis, tornavam-se mais macabras do que os próprios filmes.

No SBT, Carlos Roberto, o Bem-te-vi, atua desde os anos 1980 como locutor padrão da emissora. Seu estilo é inconfundível, pois a emissora tem um perfil muito popular e alegre em seus programas. Marcelo Guimarães dividiu por muitos anos a locução de chamadas com Bem-te-vi e era constantemente confundido com ele, pois tinham vozes muito semelhantes.

Outros grandes nomes passaram pelas diversas emissoras de televisão, como: Rubens Pimpim, Sérgio Cursino, Doni Littieri, Rick Ferreira, Dedé Gomes, Paulo Ramos, Will, Nelson Gomes, Fernando Moreno, Ronam Junqueira, Cadu Alves e David Roque.

VOZES FEMININAS E ATORES

Recentemente, as mulheres começaram a ocupar seu merecido espaço nas chamadas da TV aberta, fato que já ocorria em alguns canais a cabo como a TNT (canal especializados em filmes). É o caso de Fabiana Ribeiro, locutora do SBT, e a dubladora Mabel Cezar, que faz chamadas na TV Globo junto ao ator Mckeidy Lisita.

Ao longo dos anos, algumas vozes se tornaram icônicas na televisão brasileira. Locutores fantásticos, muitas vezes vindos do rádio, começaram a se destacar, tornando suas vozes familiares aos telespectadores. Algumas vozes da televisão se tornaram tão conhecidas do público quanto os apresentadores de programas e atores das novelas, porém de forma anônima.

Evolução dos estilos de locução

No início, a locução era mais formal e séria. Com o tempo, especialmente a partir da década de 1970, os locutores começaram a adotar estilos mais descontraídos e envolventes, alinhados com as mudanças na linguagem televisiva e nas expectativas do público.

PRESENÇA EM DIVERSOS GÊNEROS DE PROGRAMAS

Além das chamadas de programas das emissoras, os locutores estenderam sua atuação para outros gêneros de programas, incluindo documentários, reality shows, programas de auditório e noticiários, demonstrando versatilidade.

Com o avanço da tecnologia, os locutores de chamadas de televisão também se adaptaram à evolução desse meio de comunicação. Hoje, eles podem ser ouvidos em chamadas veiculadas em diversas plataformas, incluindo televisão, internet e redes sociais. Devemos levar em consideração as mudanças no estilo dos programas e no perfil do público, que fizeram com que os locutores adaptassem seu estilo de locução de acordo com elas.

Entre os locutores das emissoras de TV, existem aqueles responsáveis pelos "oferecimentos comerciais dos programas". A Rede Globo de televisão é a emissora que mais possui profissionais nesse segmento, e um deles é o dublador e locutor Ricardo Juarez, que é uma das vozes dos oferecimentos da TV Globo. Fernando Moreno, que também passou pela extinta TV Manchete, foi a voz dos oferecimentos do SBT por mais de 20 anos, função que é hoje exercida por Luciano Oliva.

Outras emissoras também têm seus locutores quase exclusivos para essa função. Na Rede Record, Rick Ferreira; na Band, Nano Filho; na Rede TV, Eli Moreno – a voz dos oferecimentos da emissora há mais de 20 anos.

Por muito tempo, algumas emissoras de televisão mantinham em seu casting os chamados "locutores de cabine", que faziam a identificação da emissora no final dos programas. Em alguns períodos, faziam ao vivo, informando, além da identificação da emissora, a hora certa. Essa função foi deixando de existir com o passar do tempo. Era comum ouvir locutores como Dedé Gomes anunciarem da seguinte forma: "Rede Globo, São Paulo, 22 horas e 20 minutos, assista agora Telecine e, logo depois, Corujão".

Canais a cabo

Com a expansão e o aumento do número de canais a cabo, o cenário da locução de chamadas de televisão passou por algumas mudanças significativas. Com mais canais disponíveis, houve especialização por gênero e tema, e os locutores muitas vezes se especializaram em nichos específicos, como esportes, entretenimento, notícias, etc., adaptando seu estilo de locução de acordo com a estratégia de comunicação do canal e seu público-alvo.

Essa diversidade de canais trouxe uma variedade maior de estilos de locução. Alguns canais preferem uma abordagem mais formal e informativa, enquanto outros podem adotar um tom mais descontraído e envolvente, dependendo do conteúdo e do estilo de sua programação. O universo de vozes se expandiu, permitindo outros timbres, outros tons e até sotaques de outras partes do Brasil se integraram a algumas chamadas.

Com o aumento no número de canais a cabo, o Brasil tem hoje cerca de duzentos canais ativos na TV paga, e isso aumentou a concorrência entre os canais, levando a uma mudança na duração e no formato das chamadas das atrações. Algumas são mais curtas e impactantes, enquanto outras podem adotar um formato mais narrativo para contar histórias envolventes, funcionando como preview mais completo da atração e retendo a atenção do telespectador por mais tempo no intervalo da programação.

Com a ascensão das mídias sociais, os locutores muitas vezes incorporam chamadas para ação nas redes sociais, incentivando os espectadores a participar, comentar e compartilhar, criando uma interação mais direta.

A personalidade do locutor tornou-se mais importante, especialmente em canais voltados para entretenimento e estilo de vida. Locutores carismáticos e com tom de voz mais descontraído passaram a se destacar nesse segmento da locução e de certa forma influenciaram o estilo de locução de canais abertos, que mantinham uma locução mais tradicional, mas também acrescentaram inovações ao seu estilo de locução.

Um exemplo de voz marcante, cheia de personalidade e total identificação com o canal é a de Carlos Tureta, locutor do Cartoon Network, canal especializado em desenhos animados. Sua voz pode ser ouvida na programação do canal desde sua estreia do Brasil, em 1993.

A TV digital

Somente na grande São Paulo, mais de quarenta canais de TV obtiveram autorização do Estado para realizar transmissões digitais. Essas empresas envolvem desde emissoras públicas, como a TV Senado e a TV Câmara, até canais de cunho religioso, a exemplo da Rede Gospel, da TV Aparecida e da TV Novo Tempo, além das emissoras tradicionais que já operavam em canal aberto.

O fim da TV analógica e a transição para a TV digital trouxe muitas oportunidades para profissionais em diversas áreas, inclusive na locução, pois o formato de entrega do conteúdo evoluiu com a transição para a TV digital e, dessa forma, algumas emissoras ganharam maior destaque, pois houve melhora na recepção do sinal de sua transmissão, exigindo maior qualidade no conteúdo.

Arrematando as ideias

Nesse capítulo, pudemos notar a evolução da televisão e quanto as mudanças e o crescimento da TV no Brasil impactaram na forma de se produzir para esse veículo, inclusive a locução, que se reinventou, se adaptou a um novo estilo e à nova forma de se ver TV da sociedade moderna.

DICA DE MESTRE

Como um profissional de locução iniciante, ou até mesmo um mais experiente em outros segmentos da locução, pode se preparar para se tornar um locutor de TV?

Paulo Ramos é locutor há mais de 30 anos, atuando em rádios como Jovem Pan, Metropolitana, Manchete, entre outras; foi professor de locução do Senac São Paulo por mais de 10 anos e locutor da TV Gazeta por mais de uma década.

Segundo Ramos, existem algumas diferenças da locução de TV para a locução de rádio, e uma delas refere-se à técnica de voz, pois, na TV, o volume e a modulação são diferentes do rádio. Mesmo que uma chamada de televisão seja de um programa mais descontraído – como um programa infantil –, essa ênfase deve ser dada na interpretação e na modulação, não no volume da voz.

Ramos destaca que na TV aberta existem vários "produtos" de natureza diferente, como comédia, comédia romântica, futebol, jornalismo, novelas e outros; dessa forma, são vários tipos de locução, porém seguindo o padrão da emissora, e até por isso os locutores de chamadas são muitas vezes chamados de "voz padrão", ou seja, a voz que identifica a emissora, independentemente do perfil do programa anunciado.

O locutor destaca ainda que nos canais a cabo existe uma demanda menor de estilos de programa. Na maioria das vezes, os locutores de TV a cabo anunciam produtos similares por serem temáticos, o que faz com que os locutores sigam uma linha semelhante na maioria das chamadas.

Ramos aponta que as questões técnicas relacionadas à voz são muito importantes para um locutor de televisão: dicção, modulação de voz, ritmo, controle do tom de voz. Para alternar esse tom durante as chamadas de forma sutil, ele sugere não alongar as palavras e evitar aquilo que na locução chamamos de "cantado", que é uma fala ascendente no final das frases. Além disso, Ramos destaca que a interpretação é fundamental para uma boa locução de chamadas de TV, pois permite que o locutor transmita as emoções apropriadas de acordo com o conteúdo da chamada, seja entusiasmo, mistério ou alegria. A interpretação adequada ajuda a criar a atmosfera desejada naquela produção audiovisual, adequando-se a imagens e trilhas sonoras.

Ramos ainda salienta que cada emissora tem seu próprio estilo e personalidade, portanto a interpretação do locutor deve ser adaptada para se alinhar ao tom geral da emissora, garantindo a identificação do canal pelo locutor. Por fim, Ramos enfatiza a importância de praticar os aspectos gerais e os mais específicos para a locução de TV e destaca algumas habilidades que você pode praticar:

- **Dicção e clareza**: pratique a dicção para garantir que sua fala seja clara e compreensível, articulando cada palavra adequadamente.
- **Expressão vocal:** pratique a variação da sua expressão vocal. Ajuste o tom, o ritmo e a entonação de acordo com o conteúdo. Isso ajuda a transmitir emoções e a manter o interesse do público.
- **Naturalidade:** treine para parecer natural e autêntico ao falar. Evite parecer ensaiado; isso mantém a atenção do público.
- **Tempo:** pratique o controle do tempo ao falar. Esteja ciente da importância das pausas e de que as falas do locutor de TV são complementadas por imagens. Evite pressa; isso ajuda na compreensão e na absorção das informações.
- **Interpretação:** desenvolva habilidades de interpretação para transmitir emoções e intenções de maneira eficaz. Isso é crucial para chamadas e programas que exijam diferentes nuances emocionais.
- **Estilos:** pratique uma variedade de estilos de chamadas, desde chamadas de filmes – estes podem ser dos mais variados gêneros – a jornalismo, programas de variedades, entre outros. Caso você se baseie em chamadas de um canal específico de televisão, lembre-se de manter a personalidade e naturalidade, para não acabar imitando o locutor da emissora.

---

* Relatos obtidos em entrevista informal com Paulo Ramos nos estúdios da Allmidia Digital em janeiro de 2024.

CAPÍTULO 8
LOCUÇÃO PARA OUTRAS MÍDIAS

À medida que a tecnologia avança e as possibilidades midiáticas se expandem, a locução passa a ir além dos limites tradicionais da televisão e do rádio, partindo para novos horizontes e cruzando fronteiras. Neste capítulo, vamos falar sobre outras facetas da locução, explorando seu impacto em outras mídias. Da narração envolvente de documentários às emocionantes experiências de jogos online, passando pelas vozes que nos acompanham nos shoppings ou nos supermercados, até os cada vez mais populares podcasts.

Descobriremos como a voz se torna a peça fundamental na comunicação e na arte de contar histórias, entreter e informar além das mídias tradicionais. Prepare-se para desvendar os bastidores da locução em múltiplas plataformas e visualizar possibilidades para sua carreira de locutor ser ainda mais produtiva e brilhante.

Podcast

O termo "podcast" é uma combinação das palavras "iPod" – o popular dispositivo de áudio da Apple – e "broadcast" – que se refere à transmissão de áudio ou vídeo. O "pod" em "podcast" não significa especificamente que o conteúdo está limitado ao iPod; é uma homenagem ao impacto que o iPod teve na popularização do formato. Vamos falar um pouco sobre o surgimento do podcast no Brasil.

A história do podcast no Brasil é relativamente recente, mas sua ascensão tem sido notável. O *Digital Minds*, de Danilo Medeiros, é reconhecido como o primeiro podcast do Brasil, lançado em 2004. A escolha do 21 de outubro como o dia do podcast no Brasil é uma forma de celebrar o início e reconhecer essa forma de mídia no país. Os podcasts começaram a ganhar popularidade globalmente no começo dos anos 2000. No Brasil, entusiastas começaram a experimentar com a criação de conteúdo independente. Naquela década, alguns pioneiros brasileiros começaram a lançar podcasts em diversas áreas, desde entretenimento até tecnologia e cultura. No entanto, o formato ainda era relativamente desconhecido pela maioria do grande público.

O período de 2015 a 2017 testemunhou um aumento significativo na popularidade dos podcasts no Brasil. Plataformas de streaming e aplicativos dedicados surgiram, facilitando o acesso. A diversificação de temas e formatos também foi notável. Entre 2018 e 2020, grandes empresas de mídia, celebridades e produtores independentes começaram a investir mais no formato.

Houve um aumento na produção de conteúdo profissional e a qualidade técnica dos podcasts melhorou.

A pandemia de covid-19 contribuiu muito para o crescimento dessa mídia, pois por estarem confinadas, as pessoas buscavam novos conteúdos. Hoje, o podcast continua a crescer no Brasil, com mais criadores de conteúdo explorando o meio. O formato é agora uma parte integrante da paisagem de mídia, abrangendo desde produções altamente profissionais até projetos mais independentes e experimentais.

O podcast no Brasil reflete uma tendência mundial de consumir conteúdo sob demanda e tem sido uma forma importante para a disseminação de informações, entretenimento e discussões mais aprofundadas sobre uma variedade de temas.

Videocast

Esse tipo de produção tornou-se uma verdadeira febre no Brasil. As produções nesse formato ganharam milhões de seguidores e uma audiência muito expressiva nos mais diversos canais dedicados a elas. Enquanto o podcast tradicional é principalmente baseado em áudio, o videocast inclui elementos visuais. Isso pode envolver gravações de vídeo de entrevistas, discussões, apresentações, ou simplesmente a presença visual do apresentador.

Assim como os podcasts, os videocasts são distribuídos digitalmente, geralmente em plataformas de streaming ou sites específicos, e os espectadores podem assistir quando e onde desejarem.

O videocast oferece uma experiência multimídia, aproveitando tanto o poder do áudio quanto do vídeo. Isso pode proporcionar uma conexão mais profunda com o conteúdo, especialmente quando a apresentação visual é importante. Assim como os podcasts, os videocasts abrangem uma variedade de tópicos, desde entretenimento até educação e notícias. A presença visual pode adicionar um novo elemento ao storytelling. Dependendo da plataforma utilizada, os videocasts podem oferecer recursos interativos, como comentários ao vivo, enquetes e participação ativa do público por meio de hashtags e QR codes. O videocast é uma evolução natural do podcast, aproveitando a crescente preferência por conteúdo visual na era digital.

SUGESTÕES PARA SE APROFUNDAR

Que tal conhecer alguns dos podcasts mais populares da atualidade?

- **NerdCast:** produzido pelos integrantes do site Jovem Nerd, o *NerdCast* é um dos podcasts mais antigos e populares no Brasil, abordando temas diversos, desde cultura nerd até ciência e entretenimento. Disponível em: https://jovemnerd.com.br/nerdcast/. Acesso em: 23 fev. 2024.
- **Flow podcast:** apresentado por Igor Rodrigues Coelho (Igor 3K), o *Flow podcast* abrange uma variedade de temas, incluindo entrevistas com figuras públicas, debates sobre atualidades e cultura pop. Disponível em: https://www.youtube.com/@FlowPodcast. Acesso em: 23 fev. 2024.
- **Mamilos:** o podcast *Mamilos*, liderado por Cris Bartis e Juliana Wallauer, explora temas sociais, culturais e políticos, oferecendo discussões aprofundadas e análises críticas. Disponível em: https://www.youtube.com/channel/UCVYbjLZeD1sWzbxSd3TBXDw. Acesso em: 23 fev. 2024.
- **Podpah:** apresentado pelos influenciadores Igor Cavalari (Igão Underground) e Thiago Marques (Mítico), o *Podpah* completou três anos e se tornou um dos maiores programas de entrevista no Brasil. Bateu o recorde de visualizações simultâneas em 2021, quando entrevistou o na época ex-presidente Lula, com 292 mil pessoas assistindo ao vivo simultaneamente. Disponível em: https://www.youtube.com/c/podpah. Acesso em: 23 fev. 2024.
- **Ticaracaticast:** apresentado por Marcos Chiesa (Bola) e Márvio Lúcio dos Santos (Carioca), ex-integrantes do programa *Pânico*, o *Ticaracaticast* recebe convidados de todos os segmentos e as entrevistas são conduzidas de forma muito descontraída pelos apresentadores. Disponível em: https://www.youtube.com/@TICARACATICAST. Acesso em: 23 fev. 2024.

DICA DE MESTRE

Tanto o podcast quanto o videocast derivam de formatos de rádio, e muitos fazem parte da estratégia de emissoras de rádio e televisão para conquistar novos públicos e diversificar a audiência e até mesmo o faturamento com essa mídia. Ambos os formatos têm seus pontos fortes e oferecem oportunidades únicas para os comunicadores. Existem diferenças na forma de condução de programas de rádio e podcasts; mais à frente, falaremos sobre essas diferenças.

Segundo Marcos Chiesa, o Bola, ex-integrante do programa *Pânico* da rádio Jovem Pan, no qual atuou por 25 anos, e que agora comanda o videocast *Ticaracaticast* junto a outro ex-integrante do *Pânico* – o humorista Carioca –, as diferenças entre conduzir um podcast e um programa de rádio estão na linguagem e no próprio conteúdo. No que se refere à linguagem, Bola explica que no podcast ele pode se sentir mais à vontade para utilizar expressões que em uma rádio como a Jovem Pan não seriam possíveis. Em relação ao conteúdo, destaca que no rádio existe a obrigatoriedade do break comercial, das músicas e outras ações que fazem parte da programação da emissora e que, de certa forma, limitam o tempo da entrevista de uma forma geral. No entanto, ele ressalta que tanto no programa do qual participava quanto no podcast que comanda atualmente, a ideia é manter a descontração e divertir-se na condução, levando o mesmo clima que fez sucesso no rádio para o videocast.

* Relatos obtidos em entrevista com Marcos Chiesa, o Bola, por meio de troca de mensagens em janeiro de 2024.

É fascinante observar como o podcast cresceu e se tornou uma plataforma significativa para criação e consumo de conteúdo no Brasil e em todo o mundo. O formato oferece uma maneira única e acessível para as pessoas compartilharem suas vozes e histórias, abordarem uma variedade de tópicos e se conectarem com audiências diversas.

Entrevista

Uma habilidade importante para um apresentador de podcast, bem como para um comunicador de rádio, é ser capaz de entrevistar um ou mais convidados, sozinho ou na companhia de outros ou outros apresentadores. Vamos abordar alguns aspectos básicos para a condução de uma boa entrevista:

- **Conhecer o entrevistado:** pesquise sobre sua carreira, realizações, opiniões e até mesmo aspectos pessoais relevantes, desde que façam parte do contexto da entrevista. Quanto mais você souber, melhores serão os argumentos e a abordagem de suas perguntas.

- **Defina o objetivo da entrevista:** saiba exatamente o seu objetivo e as informações que deseja extrair do entrevistado. Isso ajuda a deixar a conversa mais concisa e permite que o entrevistador faça ajustes de tempo e até mesmo na forma de se comunicar com o entrevistado.

- **Quebre o gelo:** antes de iniciar a gravação ou transmissão ao vivo, converse um pouco com o entrevistado, isso ajuda a criar um ambiente mais acolhedor e propício para uma conversa espontânea.

- **Utilize perguntas abertas que possibilitem respostas mais elaboradas:** evite perguntas que possam ser respondidas com um simples "sim" ou "não"; isso oferece um conteúdo mais elaborado ao ouvinte.

- 🎙 **Ouça com atenção as respostas do entrevistado:** às vezes, as melhores perguntas surgem do que foi dito anteriormente. Esteja preparado para adaptar suas perguntas com base nas respostas recebidas pelo seu convidado.
- 🎙 **Mantenha a conversa natural, evite parecer ensaiado ou lido:** a naturalidade contribui para uma conversa mais autêntica e agradável para os ouvintes.
- 🎙 **Seja receptivo para as respostas do entrevistado:** isso não apenas cria uma proximidade, mas também estabelece uma boa conexão entre ambos.
- 🎙 **Esteja preparado para momentos de improviso, mas mantenha o controle da entrevista:** improvisar pode trazer momentos espontâneos, mas é importante garantir que isso não desvie do propósito da entrevista, fazendo com que você se perca mais à frente e o conteúdo fique limitado.
- 🎙 **Ajuste o estilo da entrevista de acordo com o perfil do entrevistado:** se ele for mais descontraído, seja mais informal; se ele for mais formal, adapte-se a essa dinâmica. Vale ressaltar que o programa ou o podcast no qual você atua tem sua personalidade, assim como você também tem como apresentador, mas ainda assim, é um ajuste importante.
- 🎙 **Fique atento ao time (tempo) da entrevista e evite monopolizar a conversa:** conduza a entrevista de acordo com o tempo disponibilizado, mas dê espaço para que o entrevistado consiga se fazer entender com suas respostas.
- 🎙 **Tenha um roteiro de perguntas, mas esteja preparado alterar algumas delas:** às vezes, as melhores partes de uma entrevista surgem espontaneamente; esteja disposto a explorar essas possibilidades.
- 🎙 **Finalize a entrevista de maneira significativa:** faça uma recapitulação breve, agradeça ao entrevistado e forneça informações sobre como os ouvintes podem se envolver mais com o conteúdo ou as atividades do entrevistado.

Muitos programas de entrevistas incentivam a participação do público. Saiba filtrar as perguntas dos espectadores ou ouvintes, bem como alguns comentários, para não perguntar o que já foi respondido ou criar alguma situação constrangedora para o convidado.

Seguem algumas dicas que te ajudarão a preparar uma boa entrevista:

1. Tenha conhecimento do entrevistado ou do assunto abordado; tenha informações além do que vai ser perguntado.
2. Fique atento às respostas, evitando fazer perguntas que já tenham sido respondidas indiretamente.
3. Não responda pelo convidado.
4. Não se prenda à pauta de perguntas, mas sim olhe o assunto como um todo, mudando a ordem ou alterando o teor das perguntas de acordo como o desenrolar da conversa. Isso ajuda a evitar que você leia a pergunta, fazendo uma abordagem mais natural.
5. Não leia as perguntas literalmente, procure entender o que vai perguntar para fazê-lo de forma natural e segura.
6. Atente-se ao tempo estabelecido para a entrevista e saiba controlá-lo, lembrando sempre que você é o dono do programa, não o convidado; não permita que ele domine seu programa, deixe-o à-vontade, mas quem dita as regras é você.
7. Na abertura, faça um rápido resumo de quem é seu convidado e agradeça a ele pela presença. Se for uma entrevista de caráter jornalístico, evite responder elogios ou cumprimentos mais extensos.
8. Mantenha o ritmo da conversa, não permitindo que ela se arraste, para que o público não se disperse e perca o interesse no assunto.
9. Evite assuntos polêmicos ou sobre a vida íntima de artistas, celebridades e autoridades. Mantenha-se no foco da entrevista, exceto em casos em que o perfil do programa seja esse, em quadro ou podcast de natureza pessoal dos entrevistados, ou se os assuntos fizerem parte de sua pauta e o entrevistado estiver ciente dessa abordagem, sem se opor a ela.

10. Ao encerrar, agradeça gentilmente seu convidado e permita que ele reforce ou forneça seus contatos – como redes sociais –, ou faça uma breve divulgação de seu trabalho.

Narração de games

O mercado de narração de games online no Brasil experimentou um crescimento significativo nos últimos anos, impulsionado por vários fatores. Aqui estão alguns dos elementos-chave que contribuíram para esse crescimento.

O aumento da acessibilidade à internet e o avanço da tecnologia ajudaram a popularizar os jogos online. Plataformas de streaming como Twitch e YouTube Gaming tornaram-se locais populares para jogadores compartilharem suas experiências de jogo. A indústria de games como um todo cresceu substancialmente, com mais títulos sendo lançados e atraindo uma base de jogadores cada vez maior. Isso criou uma demanda natural por conteúdo relacionado a jogos.

Muitos streamers e narradores de jogos online no Brasil passaram a levar sua atividade mais a sério, tratando-a como uma profissão. Isso inclui investir em equipamentos de qualidade, desenvolver habilidades de comunicação e construir uma marca pessoal. É comum nos cursos de locução como os do Senac, onde atuo como docente, a presença de jovens narradores de games em busca de melhorar suas habilidades técnicas.

O crescimento do público nos canais de jogos online atraiu o interesse de marcas e empresas. Streamers e narradores muitas vezes fecham parcerias e contratos de patrocínio, o que gera uma fonte adicional de receita e faz com que muitos jovens narradores ganhem notoriedade na transmissão de jogos online. Esses narradores passaram a diversificar seus conteúdos, oferecendo não apenas transmissões ao vivo de jogos, mas também análises, tutoriais, e participando de eventos de e-sports. Isso atrai diferentes tipos de audiência e contribui para o engajamento.

A natureza interativa das plataformas de streaming permitiu aos narradores interagir diretamente com seu público por meio de chats ao vivo. Essa interatividade cria uma comunidade mais forte e leal em torno dos narradores. O crescimento dos esportes eletrônicos também impulsionou a narração de jogos online. Grandes eventos e torneios atraem muitos espectadores, e os narradores desempenham um papel crucial na transmissão dessas competições.

Esse cenário dinâmico e em constante evolução reflete a crescente aceitação e interesse em conteúdos relacionados a jogos online no Brasil, criando oportunidades para narradores e streamers se destacarem e prosperarem nesse mercado. Tácio Schaeppi, André Meligeni e Eliakim Coelho (Zeva) são nomes em destaque entre os fãs de games e atraem milhões de espectadores em suas transmissões ao vivo e em seus canais nas redes sociais. A narrativa esportiva é uma arte que vai além da competição, seja nos verdes campos de futebol ou nas arenas digitais dos e-sports, e o papel dos narradores é contagiar e emocionar audiência. No entanto, ao adentrar o vibrante mundo dos e-sports, uma nova dimensão se revela, redefinindo não apenas a forma como os jogos são disputados, mas também como são narrados.

Em ambos os universos, a essência da narração reside na habilidade de capturar a emoção do momento, contar histórias e transmitir a intensidade da competição envolvendo o público em uma narração que vai além o jogo em si. Não importa se em campo ou nas arenas virtuais, os narradores desempenham o papel crucial de traduzir o jogo e a paixão inerentes ao esporte. Porém, quando migramos do gramado para o mundo digital, testemunhamos uma revolução na forma como a narração é concebida.

Nos e-sports, a velocidade frenética das partidas, a constante evolução das estratégias e a natureza multifacetada dos jogos demandam uma abordagem única para cada tipo de game. Os narradores de e-sports não apenas transmitem os eventos; eles desdobram as complexas estratégias, analisam jogadas milimetricamente calculadas e dão vida aos mundos virtuais com uma linguagem tão dinâmica quanto os próprios jogos; uma linguagem que deve acompanhar essa geração aficionada por este universo.

Enquanto os esportes tradicionais mantêm uma aura de tradição, principalmente no futebol, os e-sports representam uma revolução narrativa, onde a criatividade e a adaptação constante se tornam a norma. A transição entre esses dois universos não é apenas uma mudança de cenário, mas uma jornada que reflete a transformação contínua da forma como assistimos uma competição, seja no estádio lotado, nas telas digitais ou com um fone de ouvido e uma tela de PC.

Aos narradores de e-sports é válido seguir muitas das dicas utilizadas pelos narradores de rádio e TV. Embora já tenhamos reconhecido as diferenças entre os dois universos, aperfeiçoar-se tecnicamente é um caminho a ser seguido por todo profissional da narração.

Narração de documentários

A narração de documentários no Brasil tem raízes que remontam aos primórdios do cinema e do audiovisual. O início da narração de documentários no país pode ser associado ao desenvolvimento do cinema documental e, posteriormente, à produção de documentários para a televisão. Aqui estão alguns marcos relevantes.

No contexto do cinema, os documentários começaram a ganhar destaque nas primeiras décadas do século XX. O cineasta Humberto Mauro, por exemplo, é considerado um pioneiro do cinema documental brasileiro. A narração nesses filmes muitas vezes era feita por meio de intertítulos escritos ou acompanhada de uma trilha sonora.

A transição para a narração de documentários falados ocorreu com o avanço da tecnologia sonora. As vozes começaram a desempenhar um papel mais proeminente, narrando não apenas nos cinemas, mas também em produções destinadas ao rádio. Com o surgimento da televisão no Brasil na década de 1950, a narração de documentários ganhou uma nova dimensão. Programas documentais na TV passaram a contar com narração para guiar o espectador através das imagens e informações apresentadas.

CANAIS ESPECIALIZADOS

Os canais especializados em documentários nos Estados Unidos surgiram como uma resposta à crescente demanda por conteúdo factual e informativo na televisão. O desenvolvimento desses canais foi influenciado por várias tendências e mudanças na indústria televisiva. Com o aumento da popularidade da televisão a cabo nas décadas de 1980 e 1990, surgiram novas oportunidades para canais especializados em nichos específicos. A capacidade de transmitir uma variedade maior de conteúdos permitiu o surgimento de canais mais especializados e um custo mais acessível para contar com o serviço de TV a cabo, e fez com que esse tipo de canal se tornasse cada vez mais popular.

Ao longo do tempo, a narração de documentários se profissionalizou, e várias vozes se destacaram como narradores especializados nesse gênero. As vozes, muitas vezes, são escolhidas por sua capacidade de transmitir informações de maneira clara e envolvente, mas, ao mesmo tempo, de forma neutra, deixando que o conteúdo e toda a produção contem juntos a história.

A narração de documentários no Brasil evoluiu para incorporar diferentes estilos, desde narrações mais formais e informativas até narrativas mais pessoais e envolventes, algumas até descontraídas, dependendo do estilo do documentário.

Hoje em dia, a narração de documentários continua a ser uma parte essencial da produção audiovisual, com narradores profissionais emprestando suas vozes para diversos projetos, desde documentários históricos, jornalísticos, de entretenimento até séries para plataformas de streaming e programas de televisão, predominantemente os canais de TV a cabo especializados em documentários, como National Geographic, Animal Planet, Discovery (com sua variedade de canais), History Channel, entre outros. A produção desse conteúdo de áudio, ou seja, as narrações, é feita pelos estúdios especializados em dublagem como DPN Santos, Dubbing Company Campinas, Audio Corp e Grupo Macias.

Cido Tavares é um dos narradores mais requisitados para narrações de documentários e "placas" para filmes e séries. As placas, além do título do filme ou série, também narram informações que aparecem durante a cena, como placas de "perigo", "saída", entre outras, daí o nome "placa" para esse tipo de locução.

Tavares[6] conta que a dublagem no Brasil começou nos anos 1950 com pequenos estúdios, mas um decreto do então presidente Jânio Quadros determinou que toda programação estrangeira exibida na TV deveria ser dublada, incluindo também os documentários que, naquela época, ainda eram exibidos em TV aberta, principalmente em canais de programações educativas. Tavares comenta que o narrador Júlio Franco foi o primeiro narrador brasileiro de um dos canais mais conhecidos do público, National Geographic.

A narração de documentários é uma arte fascinante e desafiadora, com diferentes abordagens para diferentes gêneros e, embora algumas técnicas sejam comuns ao narrador independentemente do gênero do documentário, existem diferenças que são inerentes ao conteúdo de cada texto:

- **Científicos:** requerem uma abordagem mais técnica e precisa. O narrador precisa estar atento aos termos científicos e pronunciá-los de forma clara.
- **Históricos:** aqui, a ênfase está na narrativa, na contextualização histórica. O narrador deve ficar atento às sutilezas para não cometer excessos de interpretação, mas de forma alguma deve falar de maneira monótona.
- **Entretenimento:** maior liberdade criativa em relação à modulação e às entonações. A voz pode variar de acordo com o tom do documentário, seja este mais descontraído e coloquial ou mais formal.

---

6 Relato obtido em entrevista informal com Cido Tavares em seu estúdio em janeiro de 2024.

Embora existam diversos gêneros de documentários e algumas variações dentro de cada gênero, alguns pontos devem ser observados pelo narrador. Entre os pontos em comum para qualquer narração, um dos mais importantes é a interpretação.

Os documentários exibidos na televisão são grandes produções audiovisuais e contam com uma série de recursos que levam o telespectador a compreender o conteúdo. Vamos observar alguns desses elementos.

- **Imagens:** o uso de imagens relevantes que complementem a narrativa. Sequências visuais bem elaboradas ajudam a ilustrar pontos importantes.
- **Especialistas:** a fala de especialistas, geralmente colocadas em voice over, que é a sobreposição da voz sem ocultar totalmente a original e sem a obrigação de sincronização labial, para dar maior credibilidade à fala de um especialista do assunto em questão. Esses testemunhos relacionados ao tema fornecem insights adicionais e dão credibilidade à produção.
- **Gráficos e animações:** podem simplificar conceitos complexos. São úteis para apresentar dados, cronologias ou processos de maneira visualmente compreensível.
- **Trilha sonora:** uma trilha sonora bem escolhida pode intensificar a emoção e criar a atmosfera necessária à narrativa. É comum encontrar, em plataformas de áudio e vídeo on demand, trilhas sonoras de documentários de produtoras como a BBC, por exemplo.
- **Legendas e títulos:** legendas ajudam a enfatizar informações importantes. Títulos claros e concisos podem orientar os espectadores.
- **Edição:** transições e cortes precisos, além da escolha de ângulos de câmera apropriados contribuem para uma experiência visual fascinante. Repetir informações importantes de maneira estratégica ajuda a reforçar conceitos e garante que os espectadores não percam detalhes cruciais.

- **Sequência lógica:** como em toda produção audiovisual, o conteúdo é organizado de maneira lógica e coerente para facilitar a compreensão, seguindo uma ordem que faça sentido para os espectadores.

Percebemos então, com a colocação de alguns itens de produção, que a narração é mais um componente importante para a compreensão do espectador, ou seja, ela deve complementar essa experiência, e não se destacar sobre elas.

Interpretação

A interpretação dos narradores é fundamental para o equilíbrio na narração. Vamos chamá-la aqui de interpretação neutra, mas com certos cuidados para que isso não seja entendido como uma narração totalmente linear ou monótona. Vamos destacar alguns pontos que mostram como esse tipo de interpretação é importante em uma narração.

A interpretação deve ser perceptível, mas sutil, evitando emoções intensas. O objetivo é permitir que os espectadores formem suas próprias conclusões. Assim, o narrador coloca o foco no conteúdo do documentário. Sua voz serve como uma ferramenta para transmitir informações de maneira clara e acessível, sem distrações aos espectadores. A neutralidade contribui para a credibilidade do documentário. Os espectadores são mais propensos a confiar nas informações apresentadas quando percebem que não há viés de subjetividade na narração, e isso cria um espaço em que eles se sentem livres para interpretar os fatos por si mesmos.

É importante observar que a interpretação neutra não significa monotonia. O narrador deve variar o tom de voz e a entonação para se adaptar ao estilo do documentário, seja ele sério, dramático, descontraído ou informativo, e observar quais são os momentos nos quais ele consegue impor uma interpretação mais presente. Tudo isso ajuda a enfatizar a história ou o conteúdo narrado e coloca o narrador como um guia, permitindo que os espectadores se conectem mais profundamente com o conteúdo.

Segundo Cido Tavares,[7] o narrador deve ficar atento a alguns parâmetros, como as imagens do documentário, a trilha sonora e a narração original; dessa forma, ele consegue captar o ambiente de narração daquela produção, a forma pela qual essa produção pretende contar aquela história. Tavares destaca, ainda, que é uma questão de sensibilidade do narrador se apropriar desses recursos e desenvolver a sua linha de interpretação.

É importante lembrar que não há improvisos ao narrar um documentário, portanto, a habilidade e precisão de leitura de um narrador são indispensáveis para quem quer ingressar nesse segmento da locução. A seguir, algumas dicas para você aprimorar sua leitura:

- 🎤 **Faça da leitura uma prática diária:** quanto mais você ler, mais natural será a sua entonação e fluidez. Leia em voz alta, mas sem exageros no volume da voz, ou seja, fale no volume que você conversa normalmente, pois o objetivo é transformar o texto em uma fala que os outros compreendam, não somente você.

- 🎤 **Leia uma ampla variedade de conteúdo:** textos de diferentes gêneros, desde notícias e artigos até literatura e roteiros. Isso ampliará seu repertório e capacidade de adaptação a diferentes estilos, bem como ajudará a desenvolver flexibilidade em diferentes estilos e tons.

- 🎤 **Treine lendo roteiros de documentários:** isso ajuda a se familiarizar com termos específicos e a ajustar o ritmo de leitura para se adequar ao conteúdo. Se você não tiver acesso a textos dessa natureza, assista a documentários em canais especializados ou plataformas de vídeo e transcreva os áudios para que possam ser lidos. Atente-se à interpretação, ao ritmo e às pausas utilizadas pelo

---

7 Relato obtido em entrevista informal com Cido Tavares em seu estúdio em janeiro de 2024.

narrador e tente reproduzir da forma que você identificou na narração original, mantendo seu estilo e personalidade vocal.

- 🎤 **Grave suas leituras e as ouça depois:** isso ajudará a identificar pontos de melhoria, como entonação, pronúncia, ritmo e qualidade da voz.
- 🎤 **Pratique variando a velocidade da leitura:** alguns momentos podem exigir uma leitura mais rápida; outros, mais lenta, para enfatizar detalhes importantes.
- 🎤 **Trabalhe na clareza da articulação:** certifique-se de pronunciar cada palavra distintamente, especialmente termos técnicos ou complexos. Considere fazer um aquecimento vocal antes de iniciar a leitura.
- 🎤 **Pratique a expressividade da sua leitura para transmitir emoção, mas mantenha-a controlada:** evite exageros que possam dispersar os ouvintes.
- 🎤 **Antes de começar a leitura, compreenda o contexto do texto:** isso ajuda a adaptar sua voz e entonação de acordo com a mensagem que está sendo transmitida. Procure as palavras complexas do texto e verifique a pronúncia correta. Se for preciso, anote ao lado da palavra original a forma como se pronuncia.
- 🎤 **A pausa é uma ferramenta poderosa:** pratique pausar nos momentos certos para criar suspense, enfatizar informações ou permitir que os ouvintes processem o que foi dito. Trabalhe sua respiração para torná-la dinâmica nessas pausas, que servem também como pontos de retomada de ar para garantir um bom ritmo durante a narração.
- 🎤 **Por fim, busque feedback de colegas ou profissionais,** que podem oferecer dicas valiosas para aprimorar suas habilidades de leitura.

Time code

É importante ressaltar que todo material a ser dublado – como um documentário, por exemplo – é guiado pelo time code, que é uma referência temporal específica que facilita a identificação das falas do narrador, mostrando precisamente em que momento começa cada fala e, de certa forma, marcando o seu tempo de duração. É expresso em horas, minutos, segundos e quadros, permitindo uma identificação precisa de cada momento de fala do narrador. A seguir, um exemplo de texto fictício de documentário com marcações do time code para que você se familiarize com este tipo de roteiro.

00:00:37;00_____

HÁ CEM ANOS, SOMÁVAMOS UM BILHÃO E QUINHENTOS MILHÕES DE PESSOAS NA TERRA. AGORA, MAIS DE SEIS BILHÕES POVOAM O NOSSO FRÁGIL PLANETA. MESMO ASSIM, AINDA EXISTEM LOCAIS POUCO TOCADOS PELA HUMANIDADE.

00:01:00;00_____

ESTA SÉRIE IRÁ LEVÁ-LO AOS ÚLTIMOS LOCAIS SELVAGENS E MOSTRARÁ O PLANETA E A SUA VIDA SELVAGEM COMO VOCÊ NUNCA VIU ANTES.

00:02:00;00_____

IMAGINE O NOSSO MUNDO SEM SOL. OS MACHOS DOS PINGUINS IMPERADORES ENFRENTAM O MAIS PRÓXIMO QUE EXISTE DISSO NO PLANETA TERRA, O INVERNO ANTÁRTICO, QUANDO ESTÁ SEMPRE ESCURO E AS TEMPERATURAS BAIXAM PARA SETENTA GRAUS CELSIUS NEGATIVOS.

00:02:30;00_____

OS PINGUINS FICAM, QUANDO TODAS AS OUTRAS CRIATURAS JÁ ESCAPARAM, PORQUE CADA UM DELES GUARDA UM

TESOURO: UM SÓ OVO, QUE ESTÁ EM CIMA DE SEUS PÉS E É MANTIDO QUENTE POR BAIXO DO BOJO DO SEU ESTÔMAGO.

00:02:50;00_____

NÃO EXISTE ALIMENTO E NÃO EXISTE ÁGUA PARA ELES, QUE NÃO VERÃO O SOL DURANTE QUATRO MESES. SEGURAMENTE, NENHUMA PROVAÇÃO MAIOR É ENFRENTADA POR QUALQUER OUTRO ANIMAL.

00:03:10;00_____

No roteiro acima, o time code mostra o início de cada ação do narrador da versão brasileira, baseando-se nas imagens e no tempo da narração original. É importante observar que no processo de tradução do texto original são feitas adaptações para que caiba dentro desse tempo, utilizando palavras da língua portuguesa e mantendo o sentido do texto em sua língua original.

No processo de gravação, o técnico responsável pela captação da voz avança para cada time de forma que não seja necessário reproduzir o documentário na íntegra, agilizando assim o processo e podendo voltar a cada trecho, caso haja algum erro de gravação. Durante esse processo, o narrador utiliza fones de ouvido para ouvir a narração original, o que ajuda no encaixe do ritmo da narração em português com a original. Há narradores que preferem ouvir a narração original em um dos canais do fone de ouvido e, no outro, a sua própria voz.

DICA DE MESTRE

O narrador Cido Tavares salienta que o time code é um guia, como o índice de um livro, porém, o narrador não pode ficar preocupado com ele, pois isso pode atrapalhar a naturalidade durante a narração. Ele cita uma expressão utilizada em algumas produtoras, que é "narrar na wave", ou seja, narrar em cima do áudio original, e isso requer certa habilidade, pois as diferenças entre o nosso idioma e o idioma original muitas vezes exigem mais palavras ou palavras mais extensas. Por mais que haja um trabalho de adaptação dos tradutores para minimizar essa diferença, cabe ao narrador ficar atento para adequar o tempo de narração com a interpretação necessária para aquele trecho a ser narrado.

Cido ainda deixa como dica um exemplo: supondo que o time code indique uma fala do narrador aos "00:02:22", o narrador deve voltar sua atenção para o texto, deixando de olhar para a monitor, aos "00:02:20", tendo como referência a fala do narrador original para entrada naquele time. Assim, haverá tempo suficiente de respirar adequadamente e se colocar pronto para entrar no tempo certo.

---

* Relato obtido em entrevista informal com Cido Tavares em seu estúdio em janeiro de 2024.

Mídia indoor

A expressão "mídia indoor" refere-se a estratégias de comunicação e publicidade que são realizadas especificamente em ambientes internos, como espaços comerciais, lojas, shoppings, restaurantes, centros de entretenimento, academias, entre outros. Trata-se de veicular anúncios ou conteúdos promocionais em locais fechados nos quais o público-alvo está presente fisicamente.

O crescimento da oferta de oportunidades para locutores em sistemas de mídia indoor e prompts de atendimento telefônico pode ser atribuído a várias tendências e necessidades do mercado. Algumas razões para esse crescimento incluem:

- 🎤 **Personalização e experiência do cliente:** empresas estão reconhecendo cada vez mais a importância de proporcionar uma experiência personalizada aos clientes. Locutores são essenciais para criar mensagens que se alinhem à identidade da marca e ofereçam uma experiência coesa ao longo de diferentes canais, incluindo mídia indoor e atendimento telefônico.

- 🎤 **Automatização e tecnologia:** com o avanço da tecnologia, sistemas automatizados de resposta e atendimento estão se tornando mais comuns. Esses sistemas exigem gravações de voz profissionais para orientar os usuários de forma eficaz. Locutores são, portanto, necessários para gravar mensagens que comuniquem informações importantes de maneira clara e envolvente.

- 🎤 **Expansão do marketing digital:** a expansão do marketing digital aumentou a demanda por conteúdo em várias plataformas, incluindo mídia indoor, ou seja, a mídia sonora e até visual em espaços de compras como shoppings, magazines e supermercados. Empresas utilizam mensagens de áudio para promover produtos, serviços e eventos em locais de movimentação de pessoas, e locutores são peças importantes para transmitir essas mensagens de maneira impactante.

A comunicação eficaz é vital em ambientes de negócios, por isso locutores são treinados para comunicar mensagens de maneira clara e impactante, o que é crucial em sistemas de mídia indoor e em mensagens telefônicas. A implementação de mensagens em sistemas de mídia indoor, prompts e espera telefônica, assim como mensagens em cancelas de estacionamentos, tornou-se algo de simples implantação para empresas desses segmentos, especialmente com a tecnologia atual. Isso torna mais acessível para que empresas de todos os tamanhos possam investir nesse tipo de comunicação, aumentando a demanda por produtoras especializadas e, consequentemente, pelo trabalho de locução.

Em resumo, o crescimento das oportunidades para locutores nesse contexto está associado à importância crescente que as empresas dão às mídias alternativas (como eram chamadas no passado), à personalização da experiência do cliente e ao avanço tecnológico que facilita a implementação dessas mensagens em diversos canais de comunicação.

Narração para audiolivros

O mercado de audiolivros experimentou um crescimento significativo nas últimas décadas, impulsionado principalmente pela evolução da tecnologia e pelas mudanças nos hábitos de consumo. Aqui estão alguns pontos importantes sobre o mercado de audiolivros:

- **Crescimento acentuado:** nos últimos anos, o mercado de audiolivros tem crescido de forma constante e, muitas vezes, exponencial. A conveniência oferecida pelos audiolivros, que podem ser ouvidos em movimento, enquanto se realiza outra atividade, tem atraído um público cada vez maior.

- 🎙 **Transição do formato físico para o digital:** foi fundamental para impulsionar o crescimento do mercado de audiolivros. Plataformas de distribuição online como Audible, Google Play Livros e Apple Books tornaram mais fácil para os consumidores acessarem e baixarem audiolivros.
- 🎙 **Aumento considerável do número de títulos em audiobooks:** não apenas os best-sellers tradicionais, mas também uma variedade de gêneros, incluindo ficção, não ficção, autoajuda, além de títulos técnicos como direito, tecnologia, finanças, negócios e carreira, também estão disponíveis em formato de áudio.
- 🎙 **Qualidade das narrações:** é uma parte importante do sucesso dos audiolivros. Cada vez mais profissionais são contratados para tornar a experiência de ouvir um livro mais interessante.

Cido Tavares, além de narrador de documentários, é também um dos mais experientes narradores de audiolivros, atuando nesse mercado desde 2006. Ele dá, a seguir, algumas dicas importantes sobre a atuação dos profissionais envolvidos nessa atividade.

Tavares[8] comenta que no primeiro contato com o material, ele procura sentir a história que será contada e conhecer seus personagens, além de se colocar no lugar de quem vai ouvir: é preciso contar a história para quem está ouvindo. Ele enfatiza que atualmente, na maioria das vezes, a produção de audiolivros não conta com trilha sonora, efeitos ou outro tipo de trilha como background, e isso exige ainda mais do narrador. Recomenda, ainda, atenção às diferenças entre a narração de documentários e a narração de audiolivros, que decorrem, inclusive, dos diferentes tipos de produção, conforme comentamos no subcapítulo referente à narração de documentários (p. 153).

As nuances e a melodia da voz são primordiais para dar vida ao texto, e há grandes diferenças entre narrar um livro técnico, infantil ou um

---

8 Relato obtido em entrevista informal com Cido Tavares em seu estúdio em janeiro de 2024.

romance. Muitas vezes é preciso interpretar alguns personagens como num livro infantil ou em um conto de fadas, por exemplo, e isso exige que o narrador se desprenda de algumas técnicas de locução para se entregar ao personagem. Cido Tavares alerta que se deve tomar cuidado para não partir para uma voz caricata, pois manter a autenticidade da história e dos personagens é essencial para preservar a integridade da obra.

Tavares[9] conclui que um bom narrador de audiolivros deve ser um bom contador de histórias, possuir empatia, versatilidade e habilidades técnicas para criar um ambiente envolvente para os ouvintes. A atenção às nuances da voz e a capacidade de se adaptar a diferentes estilos de narração são características fundamentais para o sucesso nesse mercado.

Locução para vídeos VSL

O termo VSL (*video sales letter*, em inglês) refere-se a uma estratégia de marketing que utiliza um vídeo para apresentar e vender um produto ou serviço de forma persuasiva. Esses vídeos costumam incluir elementos visuais atrativos, narração envolvente e informações convincentes para incentivar o espectador a tomar uma ação específica, como fazer uma compra.

As VSLs são comumente utilizadas em marketing online, especialmente em páginas de vendas na internet, e buscam maximizar o impacto para influenciar a decisão de compra do público-alvo. Para locutores e locutoras que desejam realizar uma boa locução para vídeos VSL, considerando a preferência do público das mídias sociais por falas mais coloquiais, é essencial adotar uma abordagem autêntica e envolvente.

Entenda os interesses do público-alvo nas mídias sociais e adapte o tom da locução de acordo com a linguagem comum utilizada pelo público. Evite um tom excessivamente formal. Opte por uma abordagem mais descontraída e próxima, como se estivesse tendo uma conversa com um amigo. Isso ajudará a transmitir uma sensação de proximidade. Essa fala mais próxima

---

9 Relato obtido em entrevista informal com Cido Tavares em seu estúdio em janeiro de 2024.

e íntima com o público é uma máxima já aplicada em quase a todas as locuções, certamente, levando-se em conta o perfil de cada ouvinte, o veículo e o segmento.

Nas mídias sociais – espaços em que as pessoas são impactadas por uma mídia que chega de forma mais inesperada, já que muitas vezes esse público se vê aderindo à mensagem de determinado anúncio sem se dar conta de que foi atraído por ele – a fala do locutor deve ser muito natural e envolvente. Mesmo as mídias cercadas de estratégias e criadas por produtoras especializadas nesse formato têm uma característica muito espontânea, parecendo, muitas vezes, terem sido produzidas com um celular, isso quando não foram, de fato.

Arrematando as ideias

É impressionante verificar o surgimento de novas mídias e canais de comunicação, bem como é importante notar como essas novas formas de levar informação e entretenimento impactaram no mercado de locução. Neste capítulo, pudemos observar um pouco mais de perto como novas possibilidades de atuação vêm surgindo a cada dia e como elas geram desafios e a necessidade de atualização e conhecimento para os profissionais da locução.

CAPÍTULO 9
DESAFIOS E OPORTUNIDADES PARA A CARREIRA

O mercado da locução profissional passou por várias mudanças, como já vimos nos capítulos anteriores. A tecnologia certamente gerou diversos impactos na forma de atuar dos locutores e locutoras profissionais. As plataformas digitais impactaram não só na forma de divulgação, mas também na maneira como esses profissionais atuam, principalmente após a pandemia de covid-19. Os profissionais da voz começaram a trabalhar de forma remota, e isso trouxe uma necessidade urgente de conhecimento técnico, disciplina para atender às demandas nos prazos estipulados e a gestão dos seus próprios negócios de locução.

A redução dos custos de equipamentos e o lançamento de plugins de tratamento de áudio mais acessíveis facilitaram a montagem de home studios para muitos locutores e outros profissionais, como dubladores. Isso não trouxe apenas facilidade, mas também muitas responsabilidades aos profissionais da locução, como veremos a seguir.

Mudanças na forma de trabalho

Vamos abordar algumas dessas mudanças e sua influência no fazer e ser de um locutor profissional.

TECNOLOGIA

A evolução tecnológica foi algo que transformou o cenário da locução. A redução significativa nos custos de equipamentos e o surgimento de plugins avançados para tratamento de áudio abriram portas para a montagem de home studios. Locutores e dubladores viram-se equipados com ferramentas acessíveis, democratizando a produção de alta qualidade e ampliando as possibilidades de atuação.

TRANSFORMAÇÃO DO PERFIL PROFISSIONAL

O papel do locutor evoluiu com a expansão da vida digital. Não mais limitados à rádio e televisão, os locutores passaram a explorar novos horizontes, atuando em audiolivros, podcasts, canais e perfis de internet, mídias em ponto de vendas e outras frentes já abordadas em outros capítulos. Essa diversificação exige uma capacidade de adaptação e habilidades de locução, incorporando a versatilidade em diferentes plataformas e gêneros.

NOMENCLATURA

A mudança na nomenclatura de locutores para comunicadores aconteceu inclusive no registro profissional obrigatório para exercer a profissão (sobre o qual falaremos mais adiante) e reflete uma expansão no escopo da profissão. A voz agora é uma ferramenta versátil, utilizada em diversos meios. O uso da voz profissional estende-se além dos limites da mídia tradicional, alcançando novas alturas em setores como publicidade, tecnologia e entretenimento.

TRABALHO REMOTO E PANDEMIA DE COVID-19

A pandemia de covid-19 acelerou a transição para o trabalho remoto, desafiando os locutores a se tornarem gestores de seus próprios negócios. A necessidade urgente de conhecimento técnico e disciplina tornou-se evidente. O estúdio, que antes era um espaço físico, transformou-se em um ambiente virtual, exigindo a adaptação desses profissionais. Atualmente, muitos optaram por continuar trabalhando em seus próprios espaços.

NOVAS MÍDIAS

As novas mídias oferecem vastas oportunidades ao profissional da locução, que deve abraçá-las e encontrar seu lugar em um cenário em constante evolução, mesmo tendo que coexistir com a inteligência artificial de voz.

A flexibilidade para explorar e se destacar em novas plataformas torna-se primordial para este profissional de voz se manter atuante. Os desafios persistem, desde a concorrência sadia e leal entre profissionais – e isso existe em todas as áreas, desde que o mundo é mundo – até a constante necessidade de atualização e reciclagem dos profissionais da locução.

A diferenciação pela autenticidade, emoção e sutilezas únicas da voz humana torna-se ainda mais importante; a expressão "voz da rua", como já citamos anteriormente, reflete bem essa mudança. Concluindo, o mercado da locução profissional não é um mercado estático: está em constante evolução. Os locutores do futuro encontrarão um mercado cada vez mais dinâmico e desafiador no qual a naturalidade, a espontaneidade e a personalidade da voz serão as ferramentas mais importantes além do conhecimento técnico e, acima de tudo aos comunicadores, conhecimentos sólidos sobre diversos assuntos.

Diante dessas mudanças, é nítida a necessidade contínua de adaptação e de aprendizado, network e paixão pela profissão. O futuro da locução profissional está em constante evolução, e aqueles que seguem nessa jornada são testemunhas de um momento fascinante dessa atividade e das transformações que ocorrem em um ritmo cada vez maior.

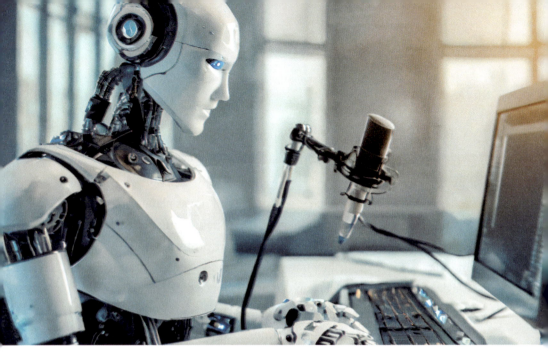

A inteligência artificial e a locução

A inteligência artificial para simulação de voz vem ganhando muita qualidade técnica, mas será que ela irá tomar o lugar dos locutores profissionais?

A inteligência artificial (IA) de voz está rapidamente se aperfeiçoando na semelhança com a voz a humana e tem gerado, se não ainda uma preocupação, ao menos um alerta entre os profissionais da locução. Apesar de já ser possível encontrar produções de áudio e vídeo com locução artificial, será que ainda é muito cedo para dizer que um dia a AI vai tomar o lugar dos locutores? Veja algumas das mídias que já utilizam inteligência artificial para realizar suas locuções:

- 🎤 **Assistentes virtuais:** assistentes de voz como Siri (Apple), Alexa (Amazon), Google Assistant (Google) e Bixby (Samsung) são impulsionados por inteligência artificial de voz para fornecer respostas.

- **Navegação por GPS:** alguns sistemas de navegação por GPS utilizam AI de voz para fornecer direções e alertas de tráfego.
- **Publicidade online:** anúncios online, especialmente em formatos de vídeo e áudio em rede sociais estão começando a incorporar AI de voz para criar mensagens de áudio incorporadas a vídeos ou imagens em publicidades de baixo orçamento.
- **Dublagem:** alguns serviços de dublagem automática utilizam IA para adaptar vozes a diferentes idiomas e contextos, facilitando a compreensão de conteúdo audiovisual. Não estamos falando da dublagem de filmes, séries e animações.
- **Atendimento ao cliente:** empresas estão implementando AI de voz em chatbots e sistemas de atendimento ao cliente.
- **Jogos interativos:** em jogos e experiências interativas, a inteligência artificial de voz pode ser usada para criar personagens que respondem dinamicamente às escolhas dos jogadores.
- **Produção de vídeo e animação:** ferramentas de produção de vídeo e animação estão começando a incorporar vozes sintetizadas para narração e dublagem de personagens.
- **Comandos de voz em dispositivos eletrônicos:** alguns dispositivos como smart TVs, carros inteligentes e eletrodomésticos conectados estão utilizando AI de voz para compreender e responder aos comandos dos usuários.

Embora exista uma série de sistemas em que as vozes humanas vêm gradativamente sendo substituídas pela inteligência artificial, vamos nos atentar à natureza desses trabalhos. Nos itens listados anteriormente, muitas das falas têm apenas caráter informativo para indicar alguma opção ao seu usuário. Nenhuma dessas falas requer a interpretação que só as vozes humanas podem imprimir, nem tem a sensibilidade de um comunicador em ouvir e falar de maneira próxima e empática ao seu ouvinte. Dessa forma, podemos concluir que enquanto a inteligência artificial de voz oferece eficiência e inovação, a autenticidade e as nuances únicas da voz humana continuam a desempenhar um papel fundamental na diferenciação e no impacto das mensagens transmitidas. Isso destaca a importância contínua dos locutores humanos no cenário da locução profissional.

A voz humana tem a capacidade única de transmitir emoções de maneira autêntica e criar uma conexão com o ouvinte. Isso pode ser difícil de replicar totalmente com vozes sintetizadas. Locutores humanos trazem versatilidade em sua expressão vocal: podem ajustar o tom, a entonação e o ritmo de acordo com as nuances do conteúdo, proporcionando uma experiência auditiva mais rica e envolvente. Locutores têm a capacidade de se adaptar de maneira intuitiva a diferentes contextos e demandas de interpretação. Podem ajustar seu estilo de locução com base nas características específicas do projeto, tornando a mensagem mais relevante, impactante e próxima dos ouvintes.

A interpretação do texto e a transmissão da intenção por meio da voz são habilidades unicamente humanas. A voz humana permite uma personalização única que pode ser fundamental para o reconhecimento de marca. Empresas e marcas muitas vezes buscam locutores específicos para criar uma identidade vocal que seja reconhecida por sua audiência. Locutores humanos têm a capacidade de se destacar em uma variedade de gêneros e estilos, gerando uma infinidade de opções para projetos específicos.

Devemos entender que alguns trabalhos já estão sendo feitos pela inteligência artificial de voz e isso aumenta a busca de reciclagem e aperfeiçoamento constante do profissional da voz para mostrar que a voz humana transmite emoções e é capaz de gerar sensações que vão além de apenas informar algo ou ditar opções a usuários de qualquer sistema automatizado. Por isso a IA é um desafio a todos nós, mas em todas as fases da carreira de um locutor profissional estamos cercados por novos desafios, sendo este apenas mais um deles.

Divulgando seu trabalho

A principal ferramenta de divulgação de trabalho de um locutor profissional é o seu próprio trabalho, seja aquele que ele realiza diariamente e que pode ser acompanhado por outros profissionais e empresas de comunicação, ou o portfólio, que ele irá criar com os trabalhos realizados ou as simulações produzidas por ele em estúdio.

O material gravado que será enviado para emissoras de rádio é comumente chamado de piloto. Algumas produtoras de áudio chamam de registro de voz ou simplesmente portfólio. Para cada situação ou objetivo é necessário enviar um material diferente, ou seja, o material a ser enviado para uma emissora de rádio não é ideal para ser enviado para uma produtora de spots comerciais ou de vídeos institucionais. Embora isso pareça um pouco óbvio, muitos ainda cometem esse erro na hora de direcionar o seu material em busca de oportunidades.

O mesmo acontece com a segmentação no rádio: um piloto para rádios populares não é o ideal para ser apresentado em uma emissora do segmento adulto. O ideal é que a linguagem e todo o contexto estejam de acordo com o perfil e gênero da emissora. Uma pergunta muito comum é: "Eu preciso fazer um piloto para cada rádio?". Não exatamente. Se, por exemplo, seu objetivo é uma rádio popular e na sua cidade há quatro emissoras desse segmento, um único piloto gravado de forma neutra atenderá a todas essas emissoras.

Se você tiver recursos para gravar seus próprios pilotos, com um home studio ou algo do gênero, e tiver disposição para gravar um piloto para cada emissora, faça dessa forma, pois cada piloto será um treino diferente, lembrando sempre que praticar é essencial para alcançar a excelência.

SUGESTÕES PARA SE APROFUNDAR

Como enviar o material para as emissoras e produtoras?

Faça uso de serviços como SoundCloud, Clyp, ou mesmo o YouTube para hospedar suas demos. Isso facilita o compartilhamento e permite que as pessoas ouçam suas amostras de maneira conveniente. Após entrar em contato com emissoras ou produtoras, forneça links diretos para suas demos online. Isso evita a necessidade de grandes anexos de áudio por e-mail e simplifica o processo de avaliação.

- SoundCloud – Disponível em: https://soundcloud.com/. Acesso em: 4 mar. 2024.
- Clyp – Disponível em: https://clyp.it/. Acesso em: 4 mar. 2024.
- YouTube – Disponível em: https://www.youtube.com/. Acesso em: 4 mar. 2024.

Inscreva-se em plataformas online como Upwork, Fiverr, Voices.com e Locutores.com.br, nas quais você pode criar um perfil e carregar seus portfólios para que potenciais clientes encontrem seu trabalho facilmente (principalmente para locutores publicitários e narradores).

- Upwork – Disponível em: https://www.upwork.com/. Acesso em: 4 mar. 2024.
- Fiverr – Disponível em: https://br.fiverr.com/. Acesso em: 4 mar. 2024.
- Voices.com – Disponível em: https://www.voices.com/. Acesso em: 4 mar. 2024.
- Locutores.com.br – Disponível em: https://locutores.com.br/. Acesso em: 4 mar. 2024.

ENVIO DE ARQUIVOS

Se precisar enviar arquivos de áudio por e-mail, certifique-se de compactá-los em formatos em mp3 de forma que mantenham a qualidade sem ficar muito grandes. A compactação em mp3 128 Kbps é uma boa opção para evitar problemas com tamanho de anexos.

Em todas as plataformas que utilizar, forneça informações claras de contato para que as pessoas interessadas possam facilmente se comunicar com você. Adaptar-se aos serviços digitais não apenas facilita o compartilhamento, mas também mostra que você está atualizado sobres esses recursos utilizados por profissionais no mundo todo.

Como montar um portfólio

Você pode produzir pilotos para várias finalidades. Aqui, ficaremos atentos aos nossos objetivos e ao estilo da emissora para a qual será enviado o piloto. Existem variações importantes no formato do piloto, que pode atender a alguns objetivos, como:

NARRAÇÃO ESPORTIVA EM RÁDIO

Neste material, você colocará uma sequência de lances diferentes, como:
- abertura de jornada;
- lance de perigo de gol;
- lance de gol;
- lances com breves comentários sobre a partida.

É importante, se possível, que você faça ou simule uma transmissão ao vivo, grave na íntegra e edite as partes conforme os lances que você pretende enviar; isso tornará a sua narração mais autêntica.

LOCUÇÃO PARA RÁDIOS POPULARES, ADULTAS OU JOVENS

Um piloto de rádio, conforme já dissemos, precisa atender às expectativas da emissora no que se refere ao estilo e padrão de locução. Isso observado, você irá gravar algumas ações básicas como:

- Abertura de horário, que pode conter também a abertura de um programa.
- Encerramento de um bloco com desanunciação de músicas.
- Leitura de notas informativas.
- Texto e promoção da rádio ou chamada ao vivo.
- Volta de break com abertura de bloco (nesse caso, pode haver algumas ações relativas ao segmento da rádio).

Você pode adaptar a ordem, inserir ou remover ações dessa sequência, de acordo com o perfil da emissora; lembrando que a regra do tempo é a mesma, nada acima de 3 minutos.

NOTICIARISTA

Em cidades onde existem afiliadas de emissoras all news, locutores e locutoras são contratados para ler as notícias locais. Neste caso, produza um material simulando um giro de notícias nacionais e internacionais, abertura e encerramento do bloco. É importante salientar que você pode produzir seu piloto com vinhetas, trilhas e músicas. Se for o caso, prefira utilizar vinhetas neutras; não utilize vinhetas de grandes emissoras, principalmente se for enviar para uma concorrente. Você pode, ainda, produzir suas próprias vinhetas, o que vai valorizar ainda mais o seu material.

LOCUÇÃO PUBLICITÁRIA

A atenção aqui fica por conta do material a ser enviado. Ter uma variedade de estilos ajuda na avaliação do profissional que irá receber seu portfólio, mas é importante enviar áudios que mostrem a sua personalidade vocal e de interpretação. Se você for produzir um material baseado em spots originais, é importante sinalizar que se trata de simulações, para que se mantenha o princípio ético de não se apropriar do trabalho de outros profissionais.

Se atente ao tempo do material enviado: é difícil as pessoas ouvirem um material muito extenso. Você pode optar por fazer uma edição com alguns estilos de spots comerciais (aproximadamente quatro estilos diferentes), mas que, editados em uma única faixa de áudio, tenha por volta de dois minutos e meio.

Lembre-se de se identificar de alguma forma no material enviado. Pode ser com um áudio no início do material, com seu nome e telefone, ou no nome do próprio arquivo de áudio.

NARRAÇÃO DE AUDIOLIVROS

Grave trechos de diferentes gêneros de livros, como ficção, não ficção, romance, suspense, entre outros. Isso mostrará sua capacidade de se adaptar a diferentes estilos de narração. Seja expressivo e ajuste o tom de acordo com o conteúdo do livro.

NARRAÇÃO DE DOCUMENTÁRIOS

Nesse demonstrativo, você deverá gravar um trecho de narração sem muita produção de áudio, com menos filtros e processamento de voz, para que a produtora possa avaliar a sua qualidade de voz e interpretação. Escolha dois ou três trechos de diferentes estilos de documentários. As produtoras desses documentários são as mesmas que fazem dublagem de filmes e séries, e é para elas que esse material deverá ser enviado. Existem muitas produtoras que preferem gravar o material em seu próprio estúdio, por isso é importante contatar o estúdio e informar-se da melhor forma de fazer um registro de voz antes de enviar.

Ética profissional

Um aspecto fundamental para profissionais de qualquer área de atuação é a ética. Em algumas atividades profissionais pode haver ausência de regras estruturadas e códigos éticos claros que orientem o comportamento profissional. Sem diretrizes específicas, as pessoas podem interpretar a ética de maneiras diferentes. Em qualquer atividade, as relações pessoais frequentemente se entrelaçam com as profissionais. Isso pode tornar mais difícil distinguir entre o que é considerado ético no âmbito profissional e o que é aceitável em um contexto pessoal.

As atividades de locução são, muitas vezes, caracterizadas pela flexibilidade e autonomia, pois, além de muitos profissionais da área da locução praticarem um trabalho autônomo, muitas das decisões na hora de executar uma tarefa, como fazer um comentário em um programa de rádio, improvisar em uma locução ao vivo, definir sua estratégia de divulgação e até mesmo precificar o seu trabalho, partem diretamente do profissional. Mesmo que no caso de emissoras e produtoras haja um direcionamento técnico para execução do trabalho, a maioria das iniciativas é do profissional, e isso pode levar as pessoas a tomarem decisões éticas com base em suas próprias interpretações e valores, o que pode variar consideravelmente de uma pessoa para outra.

Ambientes de trabalho informais podem ser menos rigorosos em alguns critérios do que em ambientes mais formais, como os de uma emissora de rádio ou de televisão, em que muitas das ações são norteadas por regras como manuais de procedimentos, estatutos das instituições, as leis do trabalho como CLT, o acordo coletivo e o próprio código civil. Neste caso, nos referimos a situações legais, mas de certa forma, são parâmetros que permeiam alguns comportamentos profissionais.

Fora desses ambientes, podem surgir oportunidades para comportamentos que podem ser ética ou moralmente questionáveis. Esses comportamentos passam por quebra de sigilo em trabalhos de natureza sigilosa, precificação injusta, o que claramente sugere a concorrência desleal, o não cumprimento de prazos de entrega de trabalhos, a falta de pontualidade em caso de atividades que possuam horários fixos – como trocas de horário entre locutores de rádio, por exemplo, ou em trabalhos realizados em produtoras, os quais envolvem outros profissionais e agendamento de estúdio.

Não temos a intenção de elaborar aqui um manual de ética para locutores, mas é indispensável ressaltar que a observância e a manutenção de valores éticos não são apenas uma obrigação inerente a todos os profissionais em qualquer área de atuação, mas também assumem um papel crucial em atividades específicas como a locução.

Na natureza muitas vezes subjetiva e majoritariamente autônoma da locução, em que as decisões pessoais frequentemente orientam as ações dos profissionais, a ética torna-se um alicerce fundamental para garantir práticas transparentes, relacionamentos colaborativos e parcerias de trabalho duradouras. A ausência de diretrizes ou manuais de ética mais claros em algumas atividades de locução destaca a responsabilidade individual de cada profissional.

Assim, a consciência ética não apenas promove um ambiente de trabalho saudável, mas também sustenta a integridade da profissão, contribuindo para a construção de uma reputação sólida e confiável tanto para o profissional quanto para o mercado como um todo.

Em última análise, a ética não deve ser encarada como uma formalidade ou apenas uma menção em um livro, mas como um componente fundamental que eleva o padrão de excelência e profissionalismo para locutores e locutoras, seja com as emissoras de rádio ou televisão e respectivamente com seus ouvintes e telespectadores, nas redes sociais ou com os clientes, com os quais lidamos diretamente, e ainda, com os colegas e colaboradores do mercado.

O registro profissional

A profissão de radialista no Brasil é regulamentada pela Lei nº 6.615/78, que estabelece as atividades e condições para o exercício da profissão de radialista, incluindo locutores, apresentadores e comentaristas que, na atual legislação, se enquadram na função de comunicadores (Brasil, 1978). O registro profissional, emitido pelo Ministério do Trabalho e Emprego, obrigatório para quem exerce essas funções, pode ser obtido junto à Superintendência Regional do Trabalho e Emprego, sendo concedido mediante a comprovação de experiência profissional com a apresentação de documentos comprobatórios específicos, como carta de capacitação, diploma ou certificado.

Os critérios para obtenção do registro podem ser encontrados no portal do Sistema de Registro Profissional (SIRPWEB), no qual também é possível fazer a solicitação do registo profissional obrigatório aos profissionais dessa categoria que são contratados por emissoras de rádio, televisão e produtoras de áudio e vídeo. É importante ressaltar que profissionais que atuam como freelancers, como locutores publicitários e narradores contratados para trabalhos únicos ou esporádicos não precisam ter o registro profissional da categoria. O registro profissional garante que o locutor esteja em conformidade com as leis e as regulamentações relacionadas à profissão. Isso é importante tanto para o profissional quanto para os empregadores, pois evita problemas legais.

O registro permite que o profissional usufrua de seus direitos trabalhistas de forma adequada, o que inclui benefícios, condições de trabalho e regras estabelecidas pelas leis trabalhistas e acordos coletivos, além de conferir reconhecimento oficial à profissão de locutor. Isso é importante não apenas no contexto legal, mas também pode ser relevante em termos de prestígio e respeito no campo profissional.

É obrigatório aos empregadores exigirem o registro profissional como requisito para contratação. Ter o registro pode, portanto, ampliar as oportunidades de emprego como radialista, bem como possibilita a participação em entidades de classe e sindicatos, o que é necessário para a defesa de interesses coletivos, negociações salariais e obtenção de benefícios exclusivos destinados à categoria.

Arrematando as ideias

A busca de oportunidades na carreira de locutor vai além da preparação vocal ou a divulgação do seu trabalho. Nesse capítulo, mostramos o quanto a atualização constante, uma boa rede de relacionamentos e uma divulgação estratégica podem garantir um caminho com mais oportunidades e longevidade à carreira. O profissional da locução deve sempre procurar ser mais que um bom locutor; deve ser ético, criativo e capaz de gerir, de forma eficiente, tanto sua carreira como seus próprios negócios de locução.

CAPÍTULO 10

RECURSOS E FERRAMENTAS ÚTEIS PARA LOCUTORES

Ao longo dos anos, a atividade de locutor profissional passou por significativa transformação, impulsionada pela evolução tecnológica e marcada pelas mudanças em relação à diversidade de tipos de trabalhos e por uma maior inclusão de vozes e estilos de locução.

Antes restrita aos estúdios de rádio e televisão, a atividade de locutor expandiu-se, incorporando diversas plataformas digitais e o trabalho em home studio, exigindo uma adaptação constante por parte dos profissionais.

Neste capítulo, exploraremos a relação entre a mudança do perfil profissional de locutores e a necessidade de dominar ferramentas essenciais para o desenvolvimento e a sobrevivência desses comunicadores contemporâneos no mercado atual.

Softwares de trilha para edição de áudio

Se você não contratar um estúdio profissional para produzir seus pilotos, você precisará de softwares de trilhas e efeitos. Veja a seguir algumas sugestões de plataformas que fornecem parte de seu catálogo de forma gratuita:

- **YouTube Audio Library:** oferece ampla variedade de músicas gratuitas para uso em vídeos e produções de áudio. Você pode filtrar por gênero, instrumento, duração, etc. Disponível em: https://www.youtube.com/c/audiolibrary-channel. Acesso em: 27 fev. 2024.

- 🎤 **Freesound:** uma enorme biblioteca de efeitos sonoros gratuitos compartilhados pela comunidade. Certifique-se de verificar as licenças individuais para garantir o uso correto. Disponível em: https://freesound.org/. Acesso em: 27 fev. 2024.
- 🎤 **ZapSplat:** oferece uma variedade de efeitos sonoros gratuitos e de alta qualidade. Traz uma ampla gama de categorias para facilitar a busca. Disponível em: https://www.zapsplat.com/. Acesso em: 27 fev. 2024.
- 🎤 **SoundBible:** uma coleção de efeitos sonoros gratuitos, muitos dos quais estão sob licença Creative Commons. Disponível em: https://soundbible.com/. Acesso em: 27 fev. 2024.
- 🎤 **BBC Sound Effects:** a BBC disponibiliza uma ampla seleção de efeitos sonoros gratuitos para uso pessoal, educacional ou de pesquisa. Disponível em: https://sound-effects.bbcrewind.co.uk/. Acesso em: 27 fev. 2024.

Lembre-se sempre de verificar as licenças individuais de cada faixa para garantir que você esteja em conformidade com os termos de uso. Algumas músicas e efeitos sonoros podem ter restrições específicas, mesmo em plataformas gratuitas.

Além de trilhas e efeitos sonoros, um locutor precisa conhecer os recursos básicos para edição, seja para produzir seu portfólio, seja para gravar material a ser enviado para clientes e produtoras de áudio. Seguem algumas indicações de apps freeware para edição de áudio nas plataformas comumente utilizadas. Lembre-se que esses apps ofereciam versões gratuitas até o momento do acesso, mas a política de distribuição do app pode mudar por decisão de seus desenvolvedores.

- 🎤 **Audacity (para Windows e Mac):** uma opção poderosa e popular para gravação e edição de áudio. Disponível em: https://www.audacityteam.org/download/. Acesso em: 27 fev. 2024.
- 🎤 **Wave Shop (para Windows):** oferece recursos de edição básicos, mas eficazes. Disponível em: https://waveshop.br.uptodown.com/windows/download. Acesso em: 27 fev. 2024.
- 🎤 **Reaper Audio (para Windows e Mac):** não é tecnicamente gratuito, mas é possível usar a versão completa gratuitamente durante um período de avaliação. O Reaper é um software de gravação e edição de áudio bastante flexível, sendo uma escolha popular para muitos profissionais da música e do áudio. Após o período de avaliação, os desenvolvedores incentivam os usuários a comprarem uma licença, mas não impõem restrições muito sérias se você optar por não comprar imediatamente. Portanto, pode ser uma opção interessante para quem está começando e deseja experimentar um software mais avançado sem custos iniciais. A vantagem deste software é rodar em qualquer sistema operacional (PC ou Mac) e permitir adicionais trilhas efeitos e vinhetas aos seus projetos. Disponível em: https://www.reaper.fm/. Acesso em: 27 fev. 2024.
- 🎤 **GarageBand (para Mac e iOS):** incluído nos dispositivos Apple, é uma ferramenta robusta para criação e edição de áudio. Disponível em: https://www.apple.com/br/mac/garageband/. Acesso em: 27 fev. 2024.
- 🎤 **WaveEditor Record & Editar (para Android):** permite editar áudio diretamente no seu dispositivo Android. Disponível em: https://play.google.com/store/apps/details?id=io.sbaud.wavstudio&hl=pt_BR&gl=US. Acesso em: 27 fev. 2024.
- 🎤 **Lexis Audio Editor (para Android):** uma opção simples e fácil de usar. Disponível em: https://play.google.com/store/apps/details?id=com.pamsys.lexisaudioeditor&hl=pt_BR&gl=US. Acesso em: 27 fev. 2014.

🎤 **Hokusai Audio Editor (para iOS):** uma ferramenta poderosa para edição de áudio no seu dispositivo iOS. Disponível em: https://apps.apple.com/br/app/hokusai-audio-editor/id432079746. Acesso em: 27 fev. 2024.

Essas são apenas algumas opções, e a disponibilidade pode variar. Teste algumas e veja qual se adapta melhor às suas necessidades. Você pode optar por investir em um software pago com o qual tenha mais afinidade ou que seja utilizado por colegas, que poderão dar suporte no início.

Operação de áudio

A habilidade de operar a mesa de áudio é fundamental para um locutor de rádio durante o seu horário. Na maioria das emissoras, o locutor faz a operação do console de áudio, com inserção de músicas, vinhetas, spots comerciais e outras peças sonoras da programação, e realizar essa operação com excelência é fundamental para o profissional de locução de rádio.

É importante que o locutor pratique esse conceito para que consiga executá-lo de forma segura em uma emissora de rádio. Independentemente do software de automação que a emissora utiliza, os fundamentos dessa operação de áudio são os mesmos. Esses softwares podem ter formas de selecionar o áudio; botões para vinhetas (em partes diferentes da tela); utilizar um, dois ou três monitores e formas de configurar saídas de áudio completamente diferentes, mas o objetivo é o mesmo: levar o áudio até a mesa de som na qual o locutor vai operar. Em que consiste essa operação? Vamos ver a seguir:

- Modular o áudio de acordo com os parâmetros do console de áudio, para que o som saia de forma limpa e sem distorções ou saturações no ar e que não fiquem com volume muito baixo.

- Ter agilidade na transição dos áudios, sejam músicas, vinhetas, spots, boletins ou outras produções de áudio. Você já deve ter ouvido falar no termo "buraco no ar", que se refere a espaços que ficam entre um áudio e outro, ou seja, silêncio entre os áudios. O locutor deve observar para que isso não aconteça.
- Garantir que os volumes de BG e de voz estejam corretos, ou seja, os áudios veiculados simultaneamente com a voz não devem sobressair, cobrir a voz, nem ficar inaudíveis durante a fala do locutor.
- Controlar o tempo de músicas (no caso de rádios musicais) para que não extrapolem o tempo de cada hora e não ocorra atrasos nos breaks comerciais e outras ações pontuais da emissora.
- Realizar o corte e a mixagem de músicas de forma sutil e no tempo certo para evitar interferências na mensagem da letra que não se misture com a batida de outra música ou da própria vinheta, tornando ambas inteligíveis no ar.
- Conhecer as configurações e as funções dos botões da mesa, tanto os de entrada quanto os de saída. Essas informações são muito importantes em caso de troca de equipamento ou no início em uma nova emissora, para que o locutor compreenda todas as funções do console de áudio. Geralmente, esses equipamentos têm pouca ou nenhuma configuração a ser feita, exceto seleção de entrada dos canais e direcionamento de saídas.

Softwares de automação

Para praticar a dinâmica da locução e operação da mesa do ar, vamos deixar algumas sugestões de softwares (neste caso, para o sistema operacional Windows) que, em sua maioria, têm versões gratuitas para se familiarizar com os conceitos que vimos anteriormente. Caso você precise ou queira se aprofundar, pode ser importante buscar um curso de sonoplastia, que irá aprimorar ainda mais as suas habilidades como operador de mesa.

Existem vários tutoriais em vídeo nas plataformas da internet sobre os softwares indicados. É interessante consultar os tutoriais para proceder a instalação de forma correta. Ressaltamos também que a política de distribuição das versões gratuitas de alguns softwares pode mudar de acordo com as diretrizes de seus desenvolvedores.

- **ZaraRadio:** é uma aplicação de automação de rádio que permite gerenciar e programar a reprodução de conteúdo de áudio. É projetado para facilitar a operação de estações de rádio, oferecendo recursos como agendamento de playlists, transições com fades ajustáveis entre músicas, inserção de vinhetas e spots. Disponível em: https://zararadio.softonic.com.br/. Acesso em: 27 fev. 2024.
- **RadioDJ:** é um software de automação de rádio gratuito e código aberto que oferece recursos avançados, como agendamento, mixagem customizada de áudios, suporte a banco de dados para gerenciamento de biblioteca musical e alguns plugins. Disponível em: https://www.radiodj.ro/. Acesso em: 27 fev. 2024.
- **Airtime:** é um sistema de automação de rádio de código aberto, projetado para ser fácil de usar e oferecer agendamento avançado, gerenciamento de biblioteca musical e integração com streaming, o que possibilita utilizá-lo também para transmitir uma web rádio e suporte a múltiplos usuários. Disponível em: https://www.airtime.pro/. Acesso em: 27 fev. 2024.
- **PlayoutONE:** oferece uma versão gratuita do seu software de automação de rádio com recursos básicos, como reprodução de músicas, agendamento e integração com microfones e hardware de transmissão. Disponível em: https://aiir.com/playoutone/pro/. Acesso em: 27 fev. 2024.
- **Rivendell:** é um sistema de automação de rádio de código aberto que fornece uma variedade de recursos, incluindo agendamento, transições suaves, suporte a vários formatos de áudio e integração com hardware profissional de radiodifusão, como consoles digitais.

Disponível em: https://www.rivendellaudio.org/. Acesso em: 27 fev. 2024.

Lembre-se de verificar os requisitos do sistema, as funcionalidades específicas de cada software e as opiniões de usuários para encontrar o que melhor atende às suas necessidades. Além disso, as funções dos softwares podem mudar ao longo do tempo, então é sempre bom verificar as versões mais recentes e as opções disponíveis, bem como estudar os tutoriais e verificar se a opção escolhida atende às suas expectativas e ainda pesquisar (em sites de busca, comunidades e fóruns especializados) alternativas de softwares.

Home studio

Já falamos sobre softwares de edição, efeitos e trilhas, agora é hora de você colocar a sua voz em um projeto de áudio. O home studio é uma alternativa muito utilizada e acessível tanto para aqueles que querem algo mais elaborado quanto para quem tem expectativas mais básicas. Veja algumas dicas para montar seu home studio.

O ESPAÇO

Escolha um ambiente silencioso ou ao menos livre de ruídos que não possam ser retirados na edição do áudio. Todos os softwares de edição possuem filtros e plugins que ajudam a retirar boa parte dos ruídos, mas a ideia inicial é procurar um lugar isolado para minimizar o ruído de fundo. A reverberação é um fator que destrói qualquer gravação. Ambientes muito grandes, como salões e garagens, tendem a produzir muito mais reverberação, bem como ambientes com azulejos, tais como cozinhas e banheiros, portanto, não são adequados para esse tipo de atividade. Itens como tapetes, cortinas e espumas acústicas podem ajudar a reduzir a reverberação. É importante gravar seu áudio no ambiente escolhido e enviar para um colega ou profissional de áudio para avaliar a qualidade da gravação. Muitas vezes não é necessário encher as paredes de espuma acústica, como é comum observar em home studios. Espumas e painéis colocados nos lugares certos podem trazer um bom resultado acústico.

Uma opção interessante para reduzir a incidência de reverberação em alguns espaços é o vocal booth, acessório colocado junto ao microfone para impedir que a voz se propague para outras direções, reduzindo bastante a incidência de reverberação.

Com a pandemia de covid-19, a maioria dos profissionais da locução teve que se adaptar ao trabalho em casa, em seus home studios, e muitos optaram por adquirir cabines acústicas que são montadas por empresas e profissionais especializados em espaços muito pequenos, garantindo uma acústica perfeita.

MICROFONE

Invista em um bom microfone condensador. Modelos USB são uma opção prática para iniciantes, pois não há a necessidade de uma interface, placa de áudio ou mesa de som, pois esse tipo de microfone já faz a função de converter o áudio de analógico para digital. Prefira os microfones que possuam resposta de frequência de 20 Hz a 20 kHz, pois essa faixa cobre todo o espectro de frequência audível, permitindo que o microfone capture sons graves, médios e agudos com fidelidade. Isso é muito importante para reproduzir fielmente as frequências da sua voz.

INTERFACE DE ÁUDIO

Interfaces de áudio funcionam como codificadores do som analógico de fontes como microfones e instrumentos musicais, fazendo a conversão em sinal digital, reconhecido por computadores e dispositivos móveis.

Uma interface de áudio permite conectar o microfone ao computador. Recomenda-se escolher uma interface de áudio com um bom pré-amplificador para melhorar a qualidade do sinal. Algumas marcas populares, como Focusrite, PreSonus e Behringer possuem vários modelos que atendem a muitas finalidades – das mais simples, como captação de voz do locutor, até a captação de múltiplas fontes.

COMPUTADOR

Use um computador com uma configuração que seja suficiente para processar áudio e rodar o software de gravação de forma eficiente. A maioria dos modelos de microfones USB e interfaces oferecem suporte a sistemas operacionais como Windows e iOS.

FONES DE OUVIDO

Fones de ouvido são indispensáveis para o monitoramento durante o processo de captação da voz. Marcas como Sony, Audio-Technica, Sennheiser, Shure e Arcano oferecem opções acessíveis.

MESA DE SOM

Se você vai praticar sonoplastia simulando a operação de uma rádio ao vivo, irá precisar uma mesa de som para ligar os canais de áudio de seu software de automação. Se essa for sua finalidade, consulte com a empresa desenvolvedora do software de automação que você vai usar qual é a interface indicada para o uso adequado do aplicativo.

DICA DE MESTRE

Segue uma relação de vídeos sobre os elementos de home studio para você se aprofundar:

- **Operação de mesa do ar**
  Como funciona a mesa de som de rádio. Disponível em: https://youtu.be/T5NGLP405x8?si=WWrQRW35z06VpB2H. Acesso em: 25 mar. 2024.

- **Microfones**
  Tudo sobre microfones – o mic certo pra você. Disponível em: https://youtu.be/yYCa70ATdmk?si=B6ISDlW0AVPEqgYB. Acesso em: 25 mar. 2024.

- **Fones de ouvido**
  Cinco fones de referência de R$ 200 a R$ 1.000 para o seu home studio. Disponível em: https://youtu.be/Q1Wvncnt29c?si=0ba5jzLSc3HDjbFw. Acesso em: 25 mar. 2024.

- **Interface**
  O que é uma interface de áudio? Aprenda por que usar uma em casa no seu home studio. Disponível em: https://youtu.be/gwsMHGfukBU?si=Wh-LnjB8xajv15mk. Acesso em: 25 mar. 2024.

- **Mesa de som**
  Por que você precisa de uma mesa de som? Disponível em: https://youtu.be/gZoTAZnH6jo?si=_uvtm3m5JnNR_1Lj. Acesso em: 25 mar. 2024.

- **Vocal booth**
  Como gravar áudio sem eco em qualquer ambiente I smart vocal. Disponível em: https://youtu.be/1KdXbeQEZOM?si=4_VXFb0d0oikY4GF. Acesso em: 25 mar. 2024.

Comunidades para locutores

Comunidades profissionais nas redes sociais são grupos online em que se compartilham conhecimentos, experiências e recursos relacionados ao seu campo de atuação. Essas comunidades proporcionam um ambiente virtual para networking, aprendizado colaborativo e troca de informações importantes. Plataformas como LinkedIn, Facebook, X e até mesmo fóruns especializados oferecem espaços nos quais membros podem se conectar, discutir tendências, fazer perguntas, encontrar oportunidades de emprego e se manter atualizados sobre as últimas novidades em suas áreas profissionais. Participar de comunidades profissionais nas redes sociais não só permite o desenvolvimento contínuo das habilidades, mas também facilita a construção de relacionamentos no mundo profissional. As comunidades são um ótimo caminho para expandir o conhecimento, buscar aconselhamento e colaborar em projetos relevantes para a carreira.

A participação em comunidades de locutores oferece uma série de benefícios, que vão desde orientação profissional até oportunidades de trabalho. Esses espaços são uma extensão importante da sua rede profissional e podem contribuir significativamente para o seu sucesso como locutor. Essas comunidades estão espalhadas pelas redes sociais. Algumas são fechadas e precisam de indicação para acessá-las, outras são abertas e recebem todos os interessados no tema. Vamos relacionar alguns aspectos importantes da partição em comunidades de profissionais da locução.

- **Troca de conhecimentos:** comunidades de locutores oferecem um espaço para trocar conhecimentos e dicas. Pode ser uma fonte importante de conselhos práticos, desde técnicas de gravação até estratégias de divulgação.
- **Atualizações do mercado:** estar em comunidades permite que você fique atualizado sobre as últimas tendências e mudanças no mercado da locução. Isso é crucial para se manter atualizado e competitivo.

- **Suporte e mentoria:** muitas comunidades oferecem suporte profissional. Pode ser interessante compartilhar desafios com pessoas que entendam a natureza única da profissão de locutor. Além disso, você pode encontrar mentores dispostos a orientar e aconselhar.
- **Oportunidades de trabalho:** membros ativos em comunidades muitas vezes compartilham oportunidades de trabalho ou projetos freelance. Participar desses grupos pode abrir portas para novas oportunidades.
- **Desenvolvimento profissional:** ao interagir com outros locutores, você pode aprender sobre novas tecnologias e práticas e até ter indicação de cursos, mentorias e workshops para desenvolver suas habilidades profissionais.
- **Network:** participar de comunidades permite que você construa relacionamentos com colegas de profissão. Esses relacionamentos podem se transformar em parcerias profissionais importantes nessa caminhada.
- **Acesso a recursos:** compartilhamento de recursos como ferramentas de edição, plugins, venda de equipamentos e tutoriais ou até mesmo oportunidades de treinamento.

O Clube de voz é possivelmente a maior associação de locutores e locutoras da publicidade brasileira. Com critérios bem definidos para seus associados, reúne todos os estilos de vozes para publicidade. Locutores e locutoras renomados fazem parte desse importante casting de talentos da voz. Em 2023, alguns profissionais da locução publicitária criaram o site Voz Up, que tem finalidades semelhantes ao Clube da Voz.

CONSIDERAÇÕES FINAIS

À medida que encerramos essa jornada pela arte da locução, espero que este livro sirva não apenas como um guia prático, mas como uma fonte de inspiração para todos os locutores em formação. A locução é uma arte em constante evolução, e este livro foi projetado para ser um companheiro valioso em sua jornada.

Da rádio à televisão; de documentários à narração de futebol; de publicidade a todos os cantos do universo da locução, exploramos os diversos mundos nos quais a voz humana pode encantar ouvintes. Ao longo dessas páginas, compartilhei não apenas ferramentas práticas e dicas essenciais, mas também a paixão e a dedicação necessárias para se destacar neste universo.

Lembre-se sempre da importância de sua voz, uma ferramenta única e poderosa, capaz de criar conexões, contar histórias e transmitir emoções.

À medida que você mergulha no emocionante mundo da locução, que este livro seja seu guia confiável, capacitando-o a enfrentar desafios, abraçar oportunidades e, acima de tudo, encontrar sua voz autêntica.

Assim, encerramos este livro, mas sua jornada na locução está apenas começando. Que cada palavra que você compartilhar traga não apenas o som da sua voz, mas a verdadeira essência do que é a locução, e que só você pode realizar, pois sua voz é única.

Boa sorte, locutor em formação. O mundo está em sintonia e aguarda ansiosamente sua voz.

EPÍLOGO
UMA NOITE INSPIRADORA

O ano era 1990 e eu partia para minha segunda emissora como profissional, a rádio Antena 1 de Campinas. Foram onze meses na rádio Cidade de Itu, onde passei a morar, pois era impossível ir e voltar todos os dias para São Paulo. No alojamento daquela pequena emissora, morei com outros três locutores, mas a proposta de ir para Campinas em busca do meu sonho de trabalhar em uma grande rádio de São Paulo era muito interessante, e lá fui eu, estrear às 22h, apresentando o programa *Lembranças Antena 1*.

Lembro que era final de mês e eu não tinha recebido meu salário na rádio em que trabalhava. Não tinha dinheiro para alugar um quarto de hotel e nem para pegar um táxi da rodoviária de Campinas até a rádio Antena 1, que ficava no bairro do Castelo. Naquela noite chuvosa, desci do ônibus e comecei a subida da avenida Andrade Neves, uma caminhada de aproximadamente quinze minutos até a rádio. A chuva era forte e a fome também.

Lembro que em certo ponto, parei e pensei: "O que estou fazendo aqui nessa chuva, todo molhado, com frio e fome?" E foi naquele momento que olhei para cima e avistei a torre da rádio Antena 1. Com o olhar fixo na luz vermelha da ponta da torre da rádio, lembrei do que disse minha querida e saudosa mãe, Dona Elvira, no dia em que peguei minha mochila e parti para Itu, para o meu primeiro desafio no rádio: "Não desista fácil dos seus sonhos, seja forte!"

Naquele momento, tive certeza do que eu estava fazendo ali e, mesmo com fome, todo molhado e sem ter onde dormir após o horário que terminaria, às duas da madrugada, eu estreei na Antena 1 de Campinas.

De lá para cá, muitos outros desafios surgiram, mas eu sempre me lembro daquele dia e das palavras de minha mãe, dizendo para nunca desistir. Deixo essa mensagem final a você, que sonha em ser locutor ou locutora, ou até mesmo já atua em uma pequena emissora ou estúdio e deseja alçar voos mais altos. Em cada palavra que pronunciamos, existem muitas histórias para contar, emoções para transmitir e pessoas a serem impactadas.

A jornada da locução é apaixonante e desafiadora, mas lembre-se sempre: cada desafio é uma oportunidade para crescer profissionalmente. No caminho podem surgir momentos de dúvida e incerteza e até vontade de desistir, mas é justamente nesses momentos que a força dos seus sonhos é testada. Cada treino, cada gravação, cada experiência é um degrau na escada da sua evolução como locutor profissional. Não desista do sonho que está em cada palavra que você fala.

A estrada pode ser íngreme, mas com cada desafio superado, você se torna mais resiliente, mais focado e mais autêntico. Não existe outra voz como a sua e o mundo está esperando para ouvi-la. Lembre-se: a paixão pela comunicação dá vida à sua voz, e a perseverança é o ritmo que impulsiona a sua evolução. Cada oportunidade é uma chance de aprendizado; cada "não" é um convite para se reinventar. Costumo dizer que tudo nessa vida começa com um não. Meu amigo e parceiro de jornada de locução, Sergio Luiz, diz que levou dezoito "nãos" antes de levar o primeiro "sim" e iniciar uma carreira brilhante como locutor.

Em uma das palestras mais emocionantes que tivemos no auditório do Senac Santana estava o lendário Gil Gomes, que subiu ao placo e, de forma emocionante, antes de saudar o público, começou a contar sua história: "Gil Gomes era gago, Gil Gomes não sabia falar direito, ninguém acreditava em Gil Gomes, o pai de Gil Gomes não queria que ele fosse locutor, mas ele queria, queria e queria ser locutor de rádio, Gil Gomes tinha um sonho...". E assim contou como o sonho se tornou realidade e ele se transformou em um dos maiores nomes do rádio no Brasil.

Então, continue a sonhar alto, a falar com convicção, colocar emoção nas palavras, encantar e emocionar as pessoas com a sua voz e a abraçar a jornada que transforma palavras em uma verdadeira arte. Pratique sempre! Tenha paciência para esperar os resultados, e persistência para aguardar as oportunidades.

Desejo muito sucesso a todos e a todas e espero ouvir suas vozes em breve no rádio, na TV e na internet.

REFERÊNCIAS

5 FONES de Referência de R$200 a R$1000 para o seu Home Studio. [S. l.: s. n.], 2019. Publicado pelo canal Chrys Gringo. Disponível em: https://youtu.be/Q1Wvncnt29c?si=0ba5jzLSc3HDjbFw. Acesso em: 25 mar. 2024.

BRASIL. Presidência da República. **Decreto nº 8.139, de 07 de novembro de 2013**. Dispõe sobre as condições para extinção do serviço de radiodifusão sonora em ondas médias de caráter local, sobre a adaptação das outorgas vigentes para execução deste serviço e dá outras providências. Brasília, DF: Presidência da República, 2013. Disponível em: https://www.planalto.gov.br/ccivil_03/_ato2011-2014/2013/decreto/d8139.htm. Acesso em: 5 fev. 2024.

BRASIL. Presidência da República. **Lei nº 6.615, de 16 de dezembro de 1978**. Dispõe sobre a regulamentação da profissão de radialista e dá outras providências. Brasília, DF: Presidência da República, 1978. Disponível em: https://www.planalto.gov.br/ccivil_03/leis/l6615.htm. Acesso em: 26 fev. 2024.

BEHLAU, Mara; DRAGONE, Maria Lúcia; NAGANO, Lúcia. **A voz que ensina**: o professor e a comunicação oral em sala de aula. São Paulo: Revinter, 2004.

BEHLAU, Mara; PONTES, Paulo; MORETI, Felipe. **Higiene vocal**: cuidando da voz. 5. ed. São Paulo: Thieme Revinter, 2016.

BLOCH, Pedro. **Você quer falar melhor?** São Paulo: Revinter, 2004.

COMO funciona a mesa de som de rádio. [S. l.: s. n.], 2021. Publicado pelo canal Marcelo Nascimento. Disponível em: https://youtu.be/T5NGLP4O5x8?si=WWrQRW35zO6VpB2H. Acesso em: 25 mar. 2024.

COMO gravar áudio sem eco em qualquer ambiente | smart vocal. [S. l.: s. n.], 2021. Publicado pelo canal Marcão. Disponível em: https://youtu.be/1KdXbeQEZOM?si=4_VXFb0d0oikY4GF. Acesso em: 25 mar. 2024.

ESTIENNE, Françoise. **Voz falada, voz cantada**: avaliação e terapia. São Paulo: Revinter, 2004.

KANTAR IBOPE MEDIA. **Inside audio 2023**. [S. l.]: Kantar Ibope Media, 2023. Disponível em: https://kantaribopemedia.com/wp-content/uploads/2023/09/InsideAudio_2023_KantarIBOPEMedia_.pdf. Acesso em: 6 mai. 2024.

MELLO, Edmée Brandi de Souza. **Educação da voz falada**. São Paulo: Editora Atheneu, 2000.

O QUE é uma interface de áudio? Aprenda por que usar uma em casa no seu home studio. [*S. l.: s. n.*], 2021. Publicado pelo canal Carolina Dias. Disponível em: https://youtu.be/gwsMHGfukBU?si=Wh-LnjB8xajv15mk. Acesso em: 25 mar. 2024.

POR QUE você precisa de uma mesa de som? [*S. l.: s. n.*], 2021. Publicado pelo canal Ozi Audiovisual. Disponível em: https://youtu.be/gZoTAZnH6jo?si=_uvtm3m5JnNR_1Lj. Acesso em: 25 mar. 2024.

SISTEMA DE REGISTRO PROFISSIONAL (SIRPWEB). Página inicial. **SIRPWEB**, [*s. d.*]. Disponível em: http://sirpweb.mte.gov.br/sirpweb/principal.seam. Acesso em: 15 abr. 2024.

TUDO sobre microfones – o mic certo pra você. [*S. l.: s. n.*], 2023. Publicado pelo canal Chrys Gringo. Disponível em: https://youtu.be/yYCa7OATdmk?si=B6ISDlW0AVPEqgYB. Acesso em: 25 mar. 2024.